CHRONOS

AF193744

Adrián Izquierdo Fernández

Heridas Invisibles: Bullying, señales y cómo prevenirlo

europa
ediciones

© 2025 **Europa Ediciones** | Madrid

www.grupoeditorialeuropa.es

ISBN 9791256961320

I edición: octubre del 2025

Curadora: Zatsha E. Contreras

Distribuidor para las librerías: **CAL Málaga S.L.**

Impreso para Italia por *Rotomail Italia S.p.A. - Vignate (MI)*

Stampato in Italia presso *Rotomail Italia S.p.A. - Vignate (MI)*

Heridas Invisibles: Bullying, señales y cómo prevenirlo

Quiero dedicar este libro a todos esos niños que alguna vez pensaron que no podían ser ellos mismos por miedo a ser rechazados o acosados. A esos pequeños que apagaron su luz para no llamar la atención.

A los padres y madres que miran con dolor cómo sus hijos e hijas se marchitan antes de tiempo, desilusionados de una vida que, en justicia, debería estar llena de asombro y alegría.

También lo dedico a quienes ejercieron el acoso, porque su propia realidad era demasiado inestable y no encontraron otra forma de expresar su dolor que haciendo daño.

A quienes fueron testigos silenciosos del bullying —sin saber muy bien cómo actuar o sin tener fuerzas para hacerlo—, también va para ellos.

Y, especialmente, a todos aquellos niños y niñas que hoy son adultos y sienten que lo vivido les dejó una marca que aún no cicatriza.

Quiero que sepáis que siempre hay una vía para sanar. Tal vez no sea fácil, pero existe. Y de corazón, deseo que un día la encontréis.

Gracias.

Índice

Prólogo

Existen cicatrices que no dejan rastro visible, pero que tardan años en sanar. Este libro surge de una de ellas: el acoso escolar, ese monstruo silencioso que acecha en las aulas y cuyas garras dejan huellas mucho más profundas que cualquier moretón.

Cuando me planteé escribir este libro, me hice la pregunta: "¿Qué mensaje quiero transmitir con estas páginas?". La interrogante me golpeó con la crudeza de quien lo ha vivido en primera línea y ha sido testigo de cómo el *bullying* sigue siendo un problema del que todos hablan, pero que nadie resuelve.

Hoy, al abordar el tema, lo hacemos entre titulares alarmantes: "Un 35% de los alumnos es víctima de acoso", "Otro adolescente se suicida". Pero rara vez nos detenemos a examinar lo que se oculta detrás: la educación fallida, los hogares desestructurados, esos niños que se convirtieron en verdugos porque alguien les enseñó —con palabras o con golpes— que ser fuerte es lo mismo que valer, o porque en casa viven una violencia similar y descargan su propia frustración con quien consideran más débil.

Yo lo experimenté en carne propia desde preescolar hasta casi el final del instituto. Una condena de quince años en la que aprendí a llevar una doble vida: el chico sonriente que mi familia veía y el chico destrozado que lloraba en los baños.

España tiene un sistema educativo peculiar, pero el *bullying* no entiende de etapas académicas: es un compañero de clase que no se muda cuando tú cambias de centro. Y aunque en cuarto de la Educación Secundaria Obligatoria (ESO) logré encontrar mi lugar, el daño ya estaba hecho. El acoso me obligó a construir una coraza, a mostrarme duro cuando, por dentro, me desmoronaba. Hoy sé que no fui el único, y por eso escribo: para que nadie más tenga que aprender este lenguaje de supervivencia.

Este libro no es solo mi historia. Es un espejo en el que muchos podrán reconocerse: como víctimas, como testigos, incluso como agresores. Y, sobre todo, es una pregunta incómoda: ¿qué estamos haciendo tan mal como sociedad para que un patio de colegio se convierta en el sitio más peligroso para muchos niños?

Entre estas páginas encontraréis dolor, sí, pero también esperanza. Porque si algo aprendí es que las cicatrices, cuando se comparten, dejan de ser marcas de vergüenza para convertirse en mapas que guían a otros.

Esta es mi historia: la del niño que aprendió a dividirse en dos para no romper a los que ya estaban rotos. Un niño que, para protegerse y proteger, se volvió experto en fragmentarse, en esconder partes de sí mismo, como quien guarda secretos en una caja fuerte. La historia del hombre que hoy soy —con cicatrices incluidas—, porque todas estas experiencias, sin duda, moldearon cada fibra de mi ser.

Acompáñame en este viaje.

Capítulo 1: La persona detrás del nombre

Hola, soy Adrián Izquierdo y nací el 5 de mayo de 1991 en Leganés, Madrid, justo el Día de la Madre. ¡Fíjate qué casualidad! Mi infancia se desarrolló entre las calles de Fuenlabrada, un sitio de extrarradio con alma de barrio obrero, de esos que huelen a asfalto caliente en verano y a leña en invierno. Un lugar donde la vida se vive a pie de calle, con parques llenos de chavales y bares de tapas.

Mi niñez, como la de tantos, tuvo su dosis de altibajos. Porque al final, cada uno de nosotros simboliza una historia, y aunque muchos pasaron por dificultades parecidas, nadie las vive del mismo modo…

Mis padres se separaron cuando yo tenía cinco años, pero mucho antes de esa decisión la casa ya era un ring de boxeo. Las discusiones no paraban, y mientras ellos peleaban, mi hermano y yo nos refugiábamos en nuestra habitación, rodeados de juguetes que nunca lograron acallar los gritos que rebotaban en las paredes. Hoy, algunos de esos gritos aún retumban en mi cabeza.

En cuanto a los roles dentro de la familia, pues… mis padres estaban enfrascados en su propia guerra, cada uno atrapado en su mundo, como si vivieran en realidades paralelas que nunca se cruzaban. Mi hermano, en cambio, fue para mí una roca firme, un salvavidas en medio del caos. Él conocía muy bien el infierno que yo sufría en el colegio y, siempre que podía, se encargaba de defenderme. Pero cuando llegó el momento en que él se fue al instituto, me quedé solo ante el peligro, sin nadie que me cubriera las espaldas.

A veces me detengo a pensar en lo diferente que habría sido todo si hubiera tenido la confianza suficiente para apoyarme en alguien cercano. Un vínculo afectivo fuerte, una red de apoyo constante que me ayudara a no sentirme tan solo en medio de las dificultades. Pero, para mí, la idea de "familia" era algo más bien difuso, un poco abstracto; un concepto que existía en palabras, pero que en la práctica me resultaba difícil de experimentar de manera real y tangible.

Y es que, la separación de mis padres me pilló muy pequeño. Recuerdo ese día con una claridad punzante: mi madre nos dijo que no iríamos al colegio, que teníamos que hablar los cuatro juntos. Al ver la maleta de mi padre junto a la puerta, entendí de qué iba todo. Mi hermano se deshizo en lágrimas en el sofá; yo, en cambio, permanecí helado. Mi madre, también llorando, me preguntó: "¿Estás bien, hijo?". Pero yo era un témpano de hielo, incapaz de reaccionar. Nunca lo olvidaré. Incluso hoy, mi familia me lo recuerda.

Mi padre se acercó —por entonces yo era muy bajito (ahora soy el más alto de la familia)—, se agachó hasta mirarme a la cara y me dijo, con palabras que aún retumban en mi mente:

—Hijo, me tengo que ir de casa. Esta situación no se puede mantener.

En ese momento, le respondí con una frialdad que aún me sorprende:

—Papá, es lo mejor que puedes hacer.

Y me marché. No para llorar, sino para dejar aquel momento atrás, como si pudiera encapsularlo.

Esa reacción dejó una marca profunda en mi padre; cargó durante mucho tiempo con la idea de que yo quería que se fuera. Desde entonces, nuestra relación siempre fue fría. No fue fácil, pero años después, una conversación profunda nos permitió sanar aquel malentendido, pero eso lo abordaremos más adelante…

La separación de mis padres hizo más que abrir brechas: me convenció de que no podía añadir más carga a mi familia. No podía decirles que sufría *bullying*. Mi madre luchaba con problemas económicos, mi padre batallaba contra la depresión, y mi hermano estaba tan afectado que necesitó ayuda psicológica. ¿Cómo iba yo a sumar más problemas a todo eso? Decidí callar.

Sí, en mi propia casa llevaba la careta. Incluso años después, cuando mi padre rehízo su vida, mi madrastra me veía como un chico rancio, soso, antisocial. Y, la verdad, no le faltaba razón si se quedaba con la fachada. Era lo que yo mostraba. Pero, por supuesto, eso no era realmente quién yo era.

Con mi madre la relación tomó un matiz más profundo. Tras la separación, me volqué en ella con toda la carga emocional que antes dirigía a mi padre. Sentía que debía ser yo quien llenara ese vacío, quien sostuviera el cariño que se había roto en casa. Pero ella, en pleno proceso de reconstrucción y con muchas batallas propias, a veces no podía gestionar del todo mi necesidad de cercanía. Hubo momentos en los que me sentí apartado. Lo comprendo ahora, con el tiempo. Pero en aquel entonces, dolió. Y dejó huella.

Y así comencé a vivir una doble vida: en el colegio, unos me perseguían y otros me acompañaban, pero eso sí, en casa nadie podía enterarse de que sufría. Nadie.

Identidad en fuga, máscaras que pesan

Si estás leyendo esto, quizá sepas de qué hablo. Hay una edad en la que la vida se convierte en una obra de teatro con máscara y guion incierto, donde todos jugamos a ser quienes no somos para encajar. Yo, por ejemplo, hoy me considero bisexual. Pero en mi adolescencia, eso era tan improbable como pedir un gazpacho sin ajo: ni se podía mencionar. Así que me lo guardé, bien escondido en un baúl sin llave. Ya tenía suficiente con intentar parecer "medio normal" para encima añadirle un matiz "anormal" que nadie entendería. Todo lo que sentía, lo que temía mostrar, quedó encerrado y etiquetado como secreto de Estado.

Iba por el mundo con una máscara invisible, calculando cada paso, cada palabra, sin dejar que nada de mi tormenta interior asomara al exterior. Podían insultarme, humillarme o incluso empujarme por las escaleras —sí, pasó—, y yo no derramaba ni una lágrima delante de nadie. Pero en la soledad de mi habitación, lloraba como

Simba al ver a su padre caer, perdido en la oscuridad, roto por un dolor que nadie más podía ver. Ese era mi refugio, ese era mi lenguaje verdadero, pero nadie lo sabía. Para el mundo, solo mostraba una cara de cartón-piedra, un "todo bien, gracias" que escondía un volcán apagado a fuerza de fingir.

Y esto, lector, te lo cuento porque sé que muchos llevamos una batalla parecida: querernos, entendernos y mostrar al mundo nuestro verdadero yo, aunque duela y asuste.

Capítulo 2: El calvario de Víctor

Nunca olvidaré el día en que entendí que mi hermano se estaba ahogando. Tras la separación de mis padres, comenzó a actuar de formas extrañas —pequeñas rebeliones que eran gritos silentes demandando ayuda. Fui yo, con mis seis años de "sabiduría", quien reunió el valor para hablar con mis padres: "creo que necesita ayuda", dije, sabiendo que me ganaría su rabia.

Siempre he sido así, desde niño soy el tipo de persona que ve dolor ajeno y siente el impulso irreprimible de dar una mano. Aunque ahora sé que tras ese instinto de protección se escondía una verdad difícil: la esperanza secreta de que, al cuidar de otros, alguien me cuidaría a mí.

Antes de decidirme a hablar con mis padres, intenté hablar con Víctor, mi hermano, pero como era de esperarse, él me respondió con el rechazo: "¡Cállate, yo hago lo que me da la gana!". Era comprensible —el divorcio nos había dejado a todos tambaleándonos, y él eligió el camino de la rebeldía.

Pienso que mi intervención fue determinante para que lo llevaran al psicólogo, pero el precio fue su distancia temporal. Quizá porque de algún modo sintió que le había traicionado. Pero lo cierto es que yo quería salvarlo, como tantas veces él había intentado salvarme a mí.

La paradoja

Años más tarde, después del infierno de cuarto de primaria —del que te hablaré más adelante—, mi madre quiso llevarme a mí a consulta. Recuerdo cada detalle de aquel lugar en la calle Lima: la moqueta negra que absorbía los sonidos, los incómodos asientos azules, la ausencia de recepcionista que hacía el espacio más solitario.

Y entonces hice lo impensable: monté el espectáculo de mi vida. Lloros, pataletas, una actuación digna de Óscar. "¡No quiero entrar!", grité, agarrado a los marcos de las puertas, como si del marco dependiese mi vida. Mi madre, lejos de reaccionar mal o castigarme, cedió con ternura: "Está bien, cariño. Lo intentaremos otro día".

No hubo otro día. En mi mente de niño se había instalado una regla inquebrantable: Nadie en casa puede saberlo. Sonríe fuera, llora donde nadie te vea. Protege a los tuyos de tu dolor.

Era una total incongruencia: podía ver el sufrimiento ajeno con claridad, pero negaba mi propio sufrimiento con insistencia y terquedad. Cada noche me repetía mientras miraba al techo de mi habitación: "Adrián, aguanta. Ellos no pueden soportar más peso".

El psicólogo de la calle Lima nunca supo que, tras aquel berrinche, se escondía un niño que prefería seguir sufriendo en silencio antes que sumar preocupación y lágrimas al entorno familiar.

Capítulo 3: Primeras heridas y el eco del bullying

El bullying no es solo un juego de niños ni una simple pelea pasajera; es una sombra que se cierne en los pasillos, silenciosa pero implacable. En la escuela, donde se debería aprender a crecer, muchos sufren en silencio golpes que no se ven, pero que dejan heridas profundas. Aquí empiezan las historias que pocos se atreven a contar, las heridas que marcan vidas y que a veces parecen imposibles de sanar.

Todo comenzó con Diego. Lo conocí en preescolar, y aunque no volví a verlo después de que su familia se mudara a otra ciudad en España, para mí fue algo más que un simple compañero de juegos. Antes de irse, me regaló un coche de juguete, un *majorette rojo* que se convirtió en mi talismán. Cada vez que me sentía perdido o triste, lo apretaba con fuerza entre mis manos como si fuera un salvavidas.

Diego y yo éramos distintos. Los dos sabíamos leer antes que nadie en clase, y eso nos convertía en los raros. Pero mientras él estaba allí, no importaba. Éramos raros juntos.

Cuando llegué a primaria, algunos de esos mismos niños de preescolar volvieron a cruzarse en mi camino. Solo que esta vez, nuestra diferencia ya no era curiosidad: era un motivo para burlarse.

—Mira, sabe leer. ¡Qué listillo! —me decían con ese tono que no era admiración, sino veneno.

Al principio, eran cosas pequeñas: esconderme los libros, reírse cuando levantaba la mano en clase, murmurar empollón cada vez que pasaba. Chiquilladas, podrían pensar algunos. Pero cuando te repiten cada día que sobresalir es malo, terminas creyéndotelo.

La prueba que lo empeoró todo

El detonante llegó con un examen de inteligencia. Los resultados mostraron que tenía una capacidad alta —no superdotación, pero cerca—. Los profesores querían decírselo a mis padres, pero yo les supliqué: "Por favor, no se lo digan". Algo en mi voz les hizo entender que aquella noticia, en vez de un orgullo, sería una carga.

Aunque respetaron mi decisión, el secreto se filtró. Y entonces los comentarios pasaron de "listillo" a "cree que es mejor que nosotros". El acoso escaló: ya no eran solo palabras, sino empujones en el pasillo, mochilas "perdidas" y risas que me seguían hasta la puerta de casa.

En esos días, el mayorette de Diego volvió a ser mi refugio. Lo guardaba en el bolsillo y lo tocaba cuando sentía que el mundo era demasiado grande. A veces me preguntaba: ¿Si él se hubiera quedado, esto pasaría? Pero la pregunta real era otra: ¿Por qué hacerte pequeño para que otros se sientan grandes?

Esa fue la primera vez que entendí que el acoso no empieza con un golpe, sino con un murmullo. Y que las heridas más profundas no siempre se ven.

El juego que nunca fue un juego

Hay momentos que rompen la infancia en dos. No hacen ruido, no avisan. Solo sucede algo, y a partir de ahí, ya no vuelves a sentirte igual. Ese momento, en mi caso, ocurrió en cuarto de primaria, durante un recreo.

Yo pensaba que jugaba con un amigo. Jesús. Así se llamaba. Me hacía gracia, me caía bien. Habíamos compartido clases, risas, incluso alguno que otro secreto de niño que no valía nada, pero que entonces pesaba mucho. Aquel día fingíamos una pelea. Nada serio. Nos agarrábamos de las camisetas como si fuéramos luchadores de mentira, entre risas y empujones suaves. Era un juego, al menos para mí.

Pero en los colegios, a veces sucede que, cuando dos niños empiezan a empujarse, aunque sea de broma, basta un segundo para que la escena se transforme en espectáculo. En cuestión de instantes, se formó un círculo alrededor de nosotros. Un coro de voces, gritos, mochilas cayendo al suelo y niños empujando por ver. "¡Pelea, pelea!", coreaban con ese entusiasmo morboso con el que se celebran los golpes ajenos. Yo trataba de explicar que no era real, que solo estábamos jugando. Lo dije. Lo grité. Pero nadie escuchó.

Entonces pasó algo que no esperaba. Jesús, al notar el fervor del público, decidió dejar de fingir. Dejó de jugar. Sus manos empezaron a empujarme de verdad, y sus golpes, aunque no fueron brutales, sí eran reales. Él quería ganar, quedar bien delante de los demás. Quería su momento de gloria, aunque fuera a mi costa. Yo, confundido, me quedé parado. No entendía qué estaba pasando. Lo que para mí era una escena pactada se convirtió en una paliza pública.

Y eso fue solo el principio. Cuando Jesús terminó, como si aquello hubiera sido una señal, el resto se me echó encima. No estoy exagerando. Aquellos que estaban en el coro, los mismos que reían y empujaban para ver mejor, de pronto se volvieron parte del "juego". Me llovieron capones en la cabeza, manotazos, empujones, patadas. Me tiraron al suelo y me zarandearon como si fuera un muñeco. Yo no podía defenderme. No sabía qué hacer. Ni siquiera entendía por qué me estaban haciendo eso.

Recuerdo el caos, los gritos, el desconcierto. El ruido. El no saber por qué me dolía todo si, en teoría, solo habíamos salido a jugar.

Y entonces apareció él. Pepe. Mi tutor, mi salvavidas. No sé cómo supo que tenía que estar ahí, pero lo hizo. Se plantó delante de todos y gritó un "¡BASTA YA!" que rompió el hechizo. La turba se dispersó como si alguien hubiera encendido las luces de una fiesta clandestina.

Pepe fue el primer adulto que me hizo sentir seguro. Se agachó, me miró, me ayudó a levantarme. No me dijo muchas palabras, pero en su cara vi algo que no había visto en nadie del colegio hasta entonces: preocupación verdadera.

Horas después, mi madre llegó al colegio. Estaba furiosa y, a la vez, confundida; y no era para menos, pues no sabía nada de lo que me estaba ocurriendo, y eso la enfadó aún más.

—¿Cómo permiten esto?, reclamó.

Exigía respuestas, quería responsables. Pero lo que recibió fue lo de siempre: un discurso suave, vacío, perfectamente calculado.

El director, Manuel, un hombre de gafas y canas, se limitó a decir que eran "cosas de críos". Como si todo lo que había pasado fuera un simple malentendido infantil. Prometió abrir un expediente, pero no pasó nada. Nadie fue sancionado, ni siquiera reprendido. Lo ocurrido se archivó en el gran cajón del olvido escolar, ese que se abre cuando hay que proteger la imagen de la institución más que el bienestar de los alumnos.

Y, por supuesto, el bullying siguió.

Ese día entendí tres cosas que se me grabaron para siempre.

La primera: que la violencia no necesita excusas, solo una oportunidad. Basta un niño con hambre de aprobación y un grupo dispuesto a aplaudir para que el maltrato se normalice.

La segunda: que los adultos, muchas veces, prefieren no ver, porque ver implica actuar, y actuar conlleva incomodidades. Decir "cosas de niños" es más cómodo, más rápido, más seguro.

La tercera, y quizá la más cruel: que el miedo no se cura con el paso del tiempo, sino que crece cuando se lo esconde. Cuando nadie castiga al que pega primero, uno empieza a vivir esperando el segundo golpe. Y el tercero. Y el cuarto.

Eso lo aprendí… y muy rápido.

Hay un momento que jamás olvidaré —y al recordarlo ahora, siento cómo me tiembla algo por dentro—: una tarde, poco después de esa paliza, me persiguieron desde el colegio hasta casa. No sé si fue el mismo grupo, no sé ni por qué lo hicieron. Solo recuerdo correr, sentir que me faltaba el aire. Llegué hasta las verjas de mi urbanización, que eran altas, infranqueables. Crucé, cerré la puerta y ahí estaba: a salvo…

Podría haber subido, podría haber contado lo ocurrido, pero no lo hice. En lugar de eso, me quedé sentado en las escaleras, en silencio, sin atreverme a pronunciar una sola palabra, y lloré hasta quedarme vacío. Lloré con rabia, con miedo y, sobre todo, con la amarga certeza de que, aunque hablara, no pasaría nada.

Luego subí y, mientras el ascensor se cerraba, me miré en el espejo. Y ahí estaba yo: peinado, sin heridas visibles, y, aunque con los ojos rojos, lo bastante disimulables como para que nadie preguntara nada. Parecía entero… pero solo por fuera.

—Perfecto, ¿no?

Porque si no hay sangre, no hay prueba y si no hay prueba, no hay historia. Y si no hay historia... entonces, al parecer, nada ocurrió.

Pero yo sí lo recuerdo todo, cada segundo de aquellos momentos, cada paso, cada silencio.

Detrás de la caseta eléctrica

Pasó un tiempo después de aquella primera experiencia en cuarto de primaria. Recuerdo una mañana cualquiera en la que llegué al colegio como siempre, entrando por el patio, formando fila con mi clase para luego acceder al edificio principal. Nuestra aula estaba en el primer piso, así que subir las escaleras era parte de la rutina.

Pero ese día fue distinto. No sé si estaban arreglando las escaleras interiores o qué pasó, pero tuvimos que usar las escaleras de incendios, esas que quedaban afuera, metálicas y frías. Los cursos subían por turnos: primero y segundo se quedaban abajo; tercero y cuarto íbamos a la primera planta; quinto y sexto, a la segunda.

Justo cuando comenzamos a subir, uno de los niños que me acosaba me puso la zancadilla. Caí hacia atrás, golpeándome la rodilla contra el borde afilado de un escalón. El dolor fue tan intenso que las lágrimas salieron solas. Lo peor no fue el golpe, sino las risas de los otros niños. Ninguno de ellos me ayudó.

El profesor intentó levantarme, pero yo, herido y humillado, le aparté la mano con rabia. Y entonces su respuesta me dejó helado, porque, en lugar de insistir o mostrar algo de comprensión, se limitó a decir:

—Vale, pues quédate ahí y vete tú solo a clase.

O al menos fue algo así, ya que no recuerdo sus palabras exactas, pero sí, y con absoluta claridad, la sensación de abandono.

En ese momento, algo se rompió dentro de mí. Bajé las escaleras de un salto y corrí hacia la salida. Por suerte, ni el conserje ni el jefe de estudios estaban allí para verme escapar. No lo pensé dos veces: salí del colegio y corrí hasta casa.

Mi hermano Víctor estaba allí, enfermo, y mi madre aún no había llegado, porque trabajaba por las tardes. Por eso llamé al timbre una y otra vez, cada vez con más insistencia; estaba desesperado. Finalmente, Víctor se asomó por la ventana y me preguntó:

—¿Qué te pasa?

A lo que yo respondí, en tono de súplica:

—Ábreme, por favor… me siento muy mal.

Una vez dentro, mentí. Sabía que mi madre ya estaba alerta por lo sucedido antes en cuarto, pero inventé una excusa torpe: dije que me había caído y que un profesor pelirrojo llamado Ángel me había acompañado a casa. Mentí tan mal —tartamudeando, cambiando detalles— que ella inmediatamente supo que algo andaba mal. Al final, confesé entre lágrimas:

—Mamá, me he caído en las escaleras y me duele tanto que no quiero estar en clase.

Pero nunca mencioné a los otros niños. Al día siguiente, volví al colegio. Nadie mencionó mi fuga. Ni el profesor que me dejó tirado, ni los compañeros que se rieron. Solo algunos murmuraban
—¿Te duele cómo te caíste ayer?

Lo decían con sonrisas burlonas.

En medio del ansia, me escondí. Había una caseta eléctrica en el patio, un lugar pequeño y sucio donde guardaban cables. Me agaché allí, temblando, durante toda una clase. Cuando la profesora me preguntó, inventé otra mentira:

—Estuve indispuesto, en el baño.

Y como era un niño tranquilo, nadie dudó.

Puede que ahora lo cuente con calma, pero ese día lo pasé mal de verdad. No solo por la caída, sino por la mochila rota, las risas y la sensación de soledad.

Fran, el carné robado y la piscina que dejé de disfrutar

En quinto de primaria entró un alumno nuevo. Se llamaba Fran y, desde el primer día, dejó claro que era un chico bastante conflictivo. Era el típico que llega al colegio queriendo imponerse a base de violencia, porque,

27

para él, el respeto se ganaba a golpes. Perseguía a los niños para pegarles y, además, para quitarles el bocadillo, el dinero… en fin, lo clásico del matón de patio.

En ese momento, yo tenía un grupo de amigos —entre comillas—. Éramos tres: Rubén, Edu y yo. Y ese chico nos tenía martirizados a los tres, no paraba de perseguirnos.

Ese mismo año, además, entró una chica nueva llamada Alba. Mi amigo Edu se fijó en ella desde el primer momento y empezó a darle notitas, regalitos, esas cosas típicas de niños cuando creen que les gusta alguien. Pero, claro, no todo iba a ser tan sencillo, porque a Fran también le gustó Alba.

Alba vivía en la urbanización a la que nos habíamos mudado con mi madre hacía poco tiempo, por lo que, en verano, compartíamos la piscina comunitaria.

Por su parte, Fran, que sabía perfectamente dónde vivía Alba, quería ir a la piscina con ella. Por eso, me pidió mi carné. En aquella época, los carnés tenían colores distintos: dos verdes para los propietarios del piso y otros, de color amarillo, que servían como invitaciones.

Acto seguido, me exigió que le diera mi carné o alguna invitación. Y yo, con la inocencia que nace del miedo, le respondí:

—Si te doy una invitación, tienes que venir conmigo, porque no puedes entrar solo.
A lo que él me contestó sin dudar:
—Entonces dame tu carné.

Le dije que no podía, que esos eran los carnés de mi madre y mi hermano (verdes), que yo usaba los de invitado (amarillos). Entonces me lanzó la amenaza:

—O me das el carné o te voy a estar buscando todos los recreos y a la salida del colegio, y te voy a estar pegando continuamente hasta que me lo des.

No recuerdo el tono exacto de su voz, pero sí sé que fue seco, amenazante, sin dejar lugar a dudas. Por supuesto, no se lo di. Y, efectivamente, cumplió su amenaza: en cada recreo me perseguía, me empujaba y me tiraba de la ropa sin descanso. Para colmo, se unió a otros dos chavales: Adrián y Mario. Este último, por cierto, ha salido en la tele como extra en alguna que otra serie…

Los tres juntos eran una auténtica pesadilla. Me hacían la vida imposible, sin tregua ni descanso. Así que, al final, terminé cogiendo el carné sin que mi madre se enterara y se lo di a Fran para que pudiera entrar a la piscina.

El problema llegó cuando, en casa, empezó a faltar un carné. Mi madre preguntó una y otra vez:

—¿Dónde está el carné? ¿Dónde está el carné?
Y yo, como si nada:
—No lo sé… se habrá perdido.

Tuvo que reclamar al presidente de la comunidad para hacer otro, y eso costó dinero. Sí, claro que me sentí fatal; sabía perfectamente que el carné lo tenía Fran, pero me era imposible decírselo a mi madre porque, si lo hacía, todo se pondría peor. Así que me tragué la culpa y seguí mintiendo.

En la piscina, cuando Fran aparecía, yo no quería estar; obviamente, no disfrutaba nada. Lo malo era que él iba casi todos los días, y entonces yo lo pasaba fatal.

Al año siguiente cambiaron los carnés y el suyo ya no servía. No volvió a pedírmelo, pero esa etapa también fue muy dura.

Un Refugio fallido y una sombra Silenciosa

El karate llegó a mi vida como una de esas actividades extraescolares que los padres permiten esperando forjar carácter. No lo odiaba, pero tampoco despertaba en mí la pasión que veía en otros. Para mi desgracia, lo que pudo haber sido un lugar de esparcimiento y recreación se convirtió en una extensión de la tortura en la escuela cuando Alberto, uno de mis bullies, se unió a las clases.

Yo tenía una teórica ventaja de tres cinturones (naranja-verde contra su amarillo), lo que usualmente significaba grupos separados. Sin embargo, el talento de Alberto era tal que el profesor no solo lo subió a mi nivel, sino que incluso le otorgó un cinturón extra por su rápido progreso. Mis súplicas al profesor fueron inútiles:
—Adri, hay que integrarlo, está a tu nivel.

En las clases, yo intentaba emparejarme con Natalia, una compañera con la que me sentía cómodo, hasta que Alberto aparecía. Su interés por ella —algo obvio para unos niños— hizo que, de algún modo, ella se uniese a sus burlas. Durante un combate de práctica contra Natalia, Alberto lanzó comentarios hirientes como:

—¡Te está ganando una chica!

El profesor lo calló, pero yo exploté...

En un arrebato de furia, derribé a Natalia con una llave y rematé con un golpe de talón en el esternón. Ella rompió a llorar y yo, al instante, me arrepentí. Había cruzado una línea, descargando mi frustración general en ese momento concreto.

Las consecuencias fueron inmediatas y dolorosas: Natalia dejó de hablarme, y Alberto usó el incidente como justificación para incrementar su acoso en los recreos, repitiendo una y otra vez:
—Por pegar a Natalia.
Ignorando que había sido en un combate reglado.

Buscaba refugio en vano. Mi escondite secreto, ubicado tras el edificio y al que accedía escalando por un canal de agua hasta el tejado, pronto fue descubierto. Allí, entre empujones e insultos —¡Mariquita!, ¡Niñato! — me acorralaban sin piedad. Intentar refugiarme en los baños era igualmente inútil; siempre me encontraban y me devolvían al patio, sin importar mis súplicas desesperadas:
—Por favor, dejadme aquí.
Siempre eran denegadas.

Era frustrante porque mi sufrimiento era evidente, pero, aun así, me obligaban a permanecer cerca de quienes me maltrataban. ¿Por qué? Esa era la pregunta constante que retumbaba en mi mente, sin encontrar jamás una respuesta clara.

El salvavidas

En medio de este caos, mi hermano era mi pilar, aunque él no fuera consciente de la magnitud de mi infierno diario. La paradoja era cruel: mi mayor apoyo vivía ajeno a mi sufrimiento. Conocía mis experiencias escolares, pero mi tormento actual era un territorio desconocido para él.

El karate, que debería haber sido un refugio, se convirtió en otra zona de peligro con la llegada de Alberto a mi clase. Ya abrumado por golpes e insultos, encontré una solución desesperada: aferrarme a mi hermano como un náufrago a un salvavidas.

Me colaba en sus planes con amigos, desafiaba al profesor Eusebio para unirme a la clase de adultos en el dojo, y en casa no me separaba de él ni un instante. Mi presencia constante lo exasperaba… ¿Cómo iba a entender que aquella sombra pegajosa no era un simple capricho de hermano menor, sino un pedido de ayuda silencioso? Cada vez que me adhería a él, mi silencio murmuraba:

—Por favor, dime que no me dejarás solo en esta situación.

Lo quemé, lo sé. Hoy le pido perdón innumerables veces por aquel acoso involuntario. Pero en mi defensa diré que cuando a un niño se le prohíbe hablar, su cuerpo encuentra otras formas de pedir ayuda. Supongo que es algo inconsciente, y mi cuerpo eligió volverse una sombra.

El alivio llegó de forma abrupta; aunque las amenazas de palizas en la calle se quedaron en insultos, poco a poco empecé a encontrar una tenue seguridad en mí mismo. Además, un par de amigos me brindaron respiros que me permitieron recuperar algo de calma. Sin embargo, a pesar de esos pequeños avances, aquel período dejó una cicatriz doble: por un lado, el remordimiento constante por haber agobiado a mi hermano, y por otro, la profunda tristeza de saber que, incluso aferrado a él, seguía sintiéndome muy solo.

Otra vez Fran

Un día estábamos en el patio del colegio, ese grupo al que llamaba "amigos" aunque muchos luego demostraron no serlo. Yo nunca fui de fútbol en el colegio —a diferencia del instituto, donde sí jugaría partidos—. Prefería los tazos, aunque incluso con eso sufrí acoso: me robaban los tazos y se reían de mí cuando los perdía.

Pero aquella mañana fue diferente. Fran apareció imponiendo su ley. Éramos unos cinco o seis niños jugando cuando nos arrebató el balón y estableció sus reglas:

—Si queréis recuperarlo, tenéis que meterme un gol. Pero el que falle... se pone contra la pared y recibe 20 balonazos.

Yo me negué rotundamente:
—Quédate con el balón. Yo no juego.

Pero Fran me obligó:

33

—Es obligatorio.

Busqué desesperado a algún profesor... no había ninguno vigilando el recreo.

Rubén logró meter gol y se salvó. Yo, en cambio, fallé. Fran atajó mi disparo y se rio, mientras Adrián y Mario —sus seguidores— coreaban las burlas sin descanso.

Me obligaron a ponerme contra la pared. Aguanté el primer balonazo, pero al segundo no pude más y hui corriendo. El problema era que yo no era rápido, así que me atraparon al instante. Lo que siguió fue brutal: me tiraron al suelo. Fran me lanzó arena con el pie mientras gritaba:
—¡Te dije que te quedaras!

En un acto de desesperación, le metí un rodillazo a Mario en el estómago... y de inmediato los tres se abalanzaron sobre mí.

No fueron golpes directos, sino algo más humillante: me empujaban con los pies, rodándome por el suelo como si fuera un balón.

Rubén y Edu —mis únicos amigos reales en ese momento— intentaron intervenir, pero Adrián los bloqueó con firmeza. Todo terminó rápido: se fueron riendo, dejándome tirado en el suelo, dolorido y humillado.

Al levantarme, mi chándal nuevo estaba roto —como siempre ocurría—. Mi madre, preocupada, me preguntaba una y otra vez:
—¿Por qué rompes la ropa?
Y yo, ocultándole la verdad, siempre mentía:

—Fue jugando, me caí.

Nunca le conté que esos desgarrones no eran simples accidentes, sino marcas silenciosas del acoso que sufría.

Lo más grave era que ningún profesor vigilaba el patio; nadie parecía prestar atención a lo que pasaba. Fran actuaba con una crueldad premeditada, perfectamente consciente de que no habría consecuencias para él.

Ese día entendí algo que dolía más que cualquier empujón: las reglas las ponían los más fuertes, y los adultos, aunque se suponía que estaban para protegerte, no siempre aparecían cuando los necesitabas. Y no era una idea pasajera; con el tiempo, y no mucho después, mis propios ojos terminarían confirmándolo...

El silencio de los que ven y callan

Fue la peor paliza de mi vida. Una de esas experiencias que no solo te rompen el cuerpo, sino algo mucho más profundo. Y no, no fue por los golpes —aunque cada uno dolió, ¡vaya que dolió! —, sino porque nadie hizo nada. Ni decir basta, ni tener un gesto, ni siquiera una mirada de compasión. Solo ojos que, al encontrarse con los míos, se apartaban como si yo no existiera. Esa indiferencia... duele más que cualquier puñetazo. Te hace dudar de la humanidad, te deja vacío, con esa sensación de estar irremediablemente solo.

Sucedió a los pocos días de aquella experiencia traumática de cuarto de primaria que ya he compartido. Aún tenía la herida abierta cuando ocurrió esto. Y el colegio, por aquel entonces, era cualquier cosa menos un lugar para aprender. Parecía un campo de batalla donde solo los más fuertes dictaban las reglas y los débiles intentábamos sobrevivir.

En cuarto me gustaba una chica que se llamaba Jenny. El problema era que, igual que a mí, también le hacían bullying. Un día reuní el valor y se lo dije: que me gustaba. Ella me respondió que yo también le gustaba. Por un momento sentí que la vida me sonreía. Pero no tardó en convertirse en otro infierno.

Alberto, uno de los chavales que me hacían bullying, se enteró. Y como yo ya era motivo de burlas, decidió juntar a otros tres para fastidiarme. Todo empezó en el recreo: yo hablaba con Jenny, sonriendo, creyendo que por fin tenía algo bueno. De repente, Alberto apareció. Me cogió como si fuera un amigo suyo, pero apretándome fuerte del cuello, desde el hombro, ese gesto falso de camaradería que en realidad era una amenaza. Me apartó de ella. Los otros tres se pusieron detrás, como hienas respaldando al líder.

Me dijeron que me alejara de Jenny porque yo era —un maricón— y que no tenía que estar con chicas de ninguna manera, que, como mucho, solo podía —jugar— con ellas.

Conseguí soltarme y salí corriendo. Ellos, claro, me persiguieron. Aún era hora de colegio, el recreo estaba terminando y la puerta, no sé por qué, estaba abierta, supongo que alguien habría ido a buscar a algún niño. No lo pensé. Me fui corriendo a la calle, con ellos pisándome los talones.

Me alcanzaron. Entre los cuatro me rodearon y me sujetaron con fuerza. Alberto volvió a cogerme del cuello, como si siguiera con ese falso gesto de camaradería barata para que la gente en la calle creyera que éramos amigos. Yo estaba aterrado. Intenté zafarme, le metí un codazo en las costillas para que me soltara, y él me respondió con un puñetazo directo al estómago.

Nunca olvidaré lo que ocurrió después: justo delante pasaba un matrimonio, tendrían unos cincuenta años. Yo los miré a los ojos, suplicando ayuda con la mirada. Ellos me miraron… y apartaron la vista. Siguieron caminando como si nada. En ese momento sentí que el mundo entero me daba la espalda.

Ellos me empujaron hasta un parque que hay delante del colegio, La Fuente de los Patos. Allí hay muchos árboles donde uno puede esconderse. Me metieron entre ellos y comenzaron a golpearme de verdad: me empujaron contra un árbol, me daban con la espalda contra el tronco, me abofeteaban, me tiraban de la ropa hasta casi romperla. Me insultaban sin parar:

—Maricón.
—Deja de juntarte con chicas.
—Tienes que ligar con chicos.

Un sinfín de barbaridades que ni siquiera recuerdo todas. Solo sé que dolían tanto como los golpes.

Grité. Grité pidiendo auxilio:

—¡Por favor, ayudadme!

Un hombre apareció entre los árboles y preguntó:

—¿Qué está pasando aquí?

Los chavales contestaron con total descaro:

—Nada, estamos jugando.

Yo estaba paralizado. No dije nada. El hombre me miró, seguro que vio el terror en mi cara, pero se limitó a decir:

—Bueno, si estáis jugando, tened cuidado con lo que hacéis.

Y se fue.

Ahí lo entendí. De nada sirve pedir ayuda. Nadie te ayuda. Jamás.

Ellos siguieron un rato más, hasta que se cansaron de pegarme e insultarme. Luego se fueron, regresaron al colegio como si nada.

Yo me quedé allí, tirado, derrotado. Me senté en un banco cercano y empecé a llorar. Una mujer se me acercó. No recuerdo su cara, ni su nombre, ni nada, solo recuerdo que me abrazó. Me preguntó si estaba bien; le dije que sí, que no se preocupara. Me abrazó más fuerte y me dijo:

—Si necesitas algo, estaré por aquí.

Y se marchó. Aquel gesto me alivió un poco, pero la situación me había sobrepasado.

No volví al colegio hasta el final de la jornada. Me colé entre los demás cuando abrieron las puertas, recogí mi mochila y me fui. Al día siguiente, falsifiqué un justificante con la firma de mi madre para que nadie preguntara por mi ausencia. Funcionó. Como siempre, nadie se interesó demasiado.

Pero esa tarde en el parque me dejó una cicatriz que no se ve. Aprendí a no pedir ayuda. Aprendí que el mundo está lleno de espectadores cómodos, de esos que miran el sufrimiento ajeno y luego giran la cabeza como si no existiera.

Y aquí viene lo que me duele de verdad: no hicieron nada. Podían, pero no quisieron. Porque mirar y no actuar también es una forma de violencia. Tal vez no pegas, pero permites que otros lo hagan. Y eso te convierte en cómplice.

Si algo quiero que quede claro con esta historia es esto: no seas uno de esos espectadores. **No te quedes quieto cuando alguien te mire implorando ayuda.** Porque a veces, para alguien como yo, un simple —¿estás bien? — puede ser la diferencia entre sentirse abandonado… o seguir creyendo que el mundo, pese a todo, merece la pena.

La traición de Josete

Estando en cuarto de primaria, también entró en mi clase un chaval llamado Josete. Empezamos a llevarnos muy bien. Yo ya estaba bastante metido en el mundo de los videojuegos, y él era un friki en toda regla. Si hoy en día no es hacker o programador, no sé qué ha pasado, porque se le daban de maravilla los ordenadores. Hackeaba emuladores, juegos, hacía lo que le daba la gana. Tenía un don.

En cuarto y quinto nos hicimos inseparables. Iba por las tardes a su casa, jugábamos en el ordenador, y cuando quedábamos en la calle, también jugábamos a cosas frikis... Hacíamos un buen equipo. Nuestras reuniones, sin lugar a duda, eran pausas de alivio en un mundo que me ahogaba.

Pero cuando llegamos al sexto de primaria —último curso—, ya se divisaba la luz al final del túnel: la salida de aquel colegio. Había que elegir instituto. Teníamos que poner tres centros por orden de preferencia, y normalmente te daban el primero. Todo el mundo iba a ir al Caro Baroja, que estaba al lado. Pero yo no. Yo no quería seguir viendo las mismas caras, ni vivir las mismas cosas.

Decidí irme al Aranguren, que estaba a veinte minutos andando desde casa. Me daba igual la distancia. Mi hermano también se había ido fuera. Yo solo quería huir de ese lugar donde había pasado tanta humillación.

Cuando le dije a Josete que no iba a ir al Caro Baroja, se molestó mucho. Nos juntábamos también con otro chaval, Morillas, apasionado de los Lego y la construcción. Éramos los tres mosqueteros. Pero esa decisión mía les sentó fatal. Dijeron que los estaba abandonando. Yo traté de explicarles, recordándoles por lo que yo estaba pasando. Sabían que no era fácil. Pero claro, éramos críos. No se le puede pedir empatía a un niño. Y, en lugar de apoyarme, se unieron a Fran... y empezaron a hacerme bullying.

Me robaron la mochila. Desapareció durante dos días. Luego, mágicamente, apareció en mi pupitre. Sé que fueron ellos. Sin mochila, sin libros, sin nada. Mi madre tuvo que prepararse para comprar todo de nuevo y, para nosotros, eso era un gasto enorme, un golpe.

Por suerte, todo apareció antes de que llegáramos a hacer el pedido, y en ese momento sentí un alivio momentáneo. Sin embargo, aquello fue solo el principio de algo mucho peor. Las amenazas comenzaron casi de inmediato, y yo no entendía absolutamente nada. Me resultaba incomprensible, sobre todo después de todo lo que habíamos compartido. Les decía, casi suplicando:

—Con lo bien que nos hemos llevado, ¿y ahora me hacéis esto?

¿Qué sucedió después? Pues nada, ese fue el empujón definitivo para decir: me voy. Siempre tuve esa sensación en el colegio: la gente me trataba como un amigo cuando les convenía, pero nunca lo fueron de verdad.

Hoy en día solo tengo contacto cercano con uno: Rubén. Edu se mudó a un pueblo de Toledo en primero de la ESO y desapareció del mapa. Con Rubén aún quedamos a veces, nos felicitamos en los cumpleaños, nos preguntamos qué tal. Pero del resto, nada.

Y lo de Josete… eso me marcó profundamente. Fue como un golpe de realidad que me enseñó a desconfiar aún más de las personas. Me hizo entender que, por muy buena cara que te pongan, por muchas sonrisas que te regalen, todo puede ser una farsa. Ese episodio, sumado a todo lo que ya venía arrastrando, terminó de cerrar un círculo: me hizo odiar un poco más a la gente. Suena duro, lo sé, pero sería inútil negarlo. La desconfianza se convirtió casi en un mecanismo de defensa; era más fácil pensar mal de todos que volver a sentirme traicionado.

Con todo lo que hicimos juntos… Nos dejábamos juegos, juguetes, nos ayudábamos con los deberes, estudiábamos para los exámenes. Y luego, por decir que no podía seguir ese camino, que me era inviable… me hundieron. Me hundieron para quedar ellos bien. No, tío. Así no.

En el último día de primaria, Josete y Morillas se acercaron con la intención de pegarme. Sin embargo, esta vez les planté cara. Les dije con firmeza:

—Si me pegáis, os devuelvo el golpe. Ya me da igual todo.

Fran y su grupo aparecieron enseguida, como si fueran a "protegerlos", aunque, en realidad, no hicieron nada. Yo sabía que me iba, y quizá por eso me armé de valor; o quizá fue simplemente el cansancio por tantos años de abuso.

Al final, no llegaron a pegarme, pero la amenaza me dolió. Y me dolió mucho.

Profesores que maltratan

Comienzo por decir que es fundamental reconocer que **el bullying no es un problema exclusivo entre alumnos**. Desgraciadamente, también existen profesores cuyas acciones, ya sea de manera consciente o inconsciente, contribuyen de forma significativa al sufrimiento de los estudiantes.

Estaba en tercero de primaria. Era un chaval que, aunque sufría bullying, intentaba mostrar siempre mi mejor cara, siempre ponía empeño en estar alegre, en parecer feliz. Era un niño al que le encantaba hablar, ¿sabes? Me fascinaba expresarme e incluso intentaba hablar en público, pero precisamente por todo lo que viví, desarrollé un miedo escénico brutal…

Creo que nadie puede imaginar el nivel de miedo escénico que arrastro hasta el día de hoy. Y no es que se me haya quitado, porque el miedo escénico nunca desaparece del todo. Simplemente, en algún momento entiendes que, aunque lo sientas, debes actuar y no permitir que te domine.

Es decir, si tienes que subir a un escenario, hacer una presentación o hablar en público, reconoces que el miedo está ahí, pero, aun así, das el paso y lo haces. Suena sencillo, pero no lo es; requiere tiempo y práctica. Además, a nivel cognitivo y físico, ese miedo sigue imponiendo barreras invisibles que tienes que derribar día tras día.

Pero, sin más preámbulos y volviendo a tercero de primaria...

Recuerdo que tenía una profesora de inglés llamada Rosa, que tenía una nariz como el pico de un tucán —me hacía mucha gracia su peculiar fisonomía—. El caso es que yo, aunque escribía decentemente a nivel ortográfico, tenía una letra horrible, prácticamente ilegible.

Lo que hizo esta profesora fue el preludio de lo que vendría después. Su rutina era clara: casi todos los días revisaba nuestros cuadernos para comprobar que lleváse-mos al día tanto la teoría como los ejercicios. Y cada vez que cogía el mío, soltaba el mismo sermón:

— "Adri, tienes que mejorar tu letra. Aprende a escribir mejor, cómprate cuadernos Rubio, practica caligrafía..."

Era un disco rayado. Pero lo que parecía una simple observación pedagógica escondía algo más...

Un día todo empeoró —y aunque hoy intento pensar que quizá ella no tuvo un buen momento y descargó su frustración conmigo— no olvido cómo me sentí. Le entregué mi cuaderno, como cada día, y Rosa estalló, con voz alta y clara, para que toda la clase oyera:

— "Adrián, no te voy a corregir el cuaderno. Yo no corrijo jeroglíficos. Hasta que no aprendas a escribir decentemente, no verás una sola corrección mía."

El silencio duró apenas un segundo. Luego llegó el estallido de risas, un verdadero mar de burlas: "¡Adri no sabe escribir!", "¡Es un analfabeto!".

Lloré, aun sabiendo que era lo peor que podía hacer, porque mis lágrimas se convirtieron en combustible para sus risas. Pero no pude evitarlo. El dolor era casi físico, como si me hubieran golpeado delante de todos.

Ojalá todo hubiera terminado ahí, pero no fue así. A partir de ese día, Jorge —uno de los acosadores, cuyo nombre no merece ser recordado— empezó una rutina cruel: arrancaba las páginas de mis cuadernos cuando los profesores no miraban. Luego las tiraba a la basura con una sonrisa fría, justificando su sadismo diciéndome:

— "Si no sabes escribir, ¿para qué pierdes papel?"

Mis cuadernos quedaron hechos trizas, literalmente. Cada hoja arrancada era un pedazo de mi autoestima que terminaba en el cubo de desperdicios.

Eran mi refugio: esos momentos en clase cuando, en vez de prestar atención, me perdía dibujando o escribiendo mis propias historias. La literatura era mi escape, mi mundo privado donde nadie podía hacerme daño... hasta ese momento en que Jorge empezó a arrancar esas páginas.

No olvido el sonido del papel rasgándose, las hojas hechas trizas frente a mí. El coro de risas que estallaba a mis espaldas, aumentando la humillación.

Dejé de escribir. No por falta de ganas, sino por miedo. Esa renuncia me marcó profundamente, para mí no era únicamente papel roto: era la primera vez que el bullying me robaba algo que amaba.

¿Qué cómo llevé todo eso? Sinceramente a duras penas. Vivía una doble polaridad: una cara para el colegio, otra para casa. Salía de clase y me iba al parque. A veces solo a la esquina del portal. A veces más lejos. Donde fuera, mientras no hubiese gente. Me sentaba, repasaba mentalmente el día, lloraba si hacía falta y luego me secaba los mocos, me ajustaba la sonrisa y tiraba para la casa.

Alguna vez se me acercaba alguien y me preguntaba si estaba bien. Yo, con cara de anuncio de medicamentos, decía:

— "Sí, no te preocupes," mientras las lágrimas seguían bajando. Hubo incluso quien quiso llamar a mis padres. Yo me largaba antes de que lo hicieran.

Llegaba a casa, decía:

— "Hola, mamá," colgaba la mochila, me quitaba las zapatillas y respondía:

— "Bien," a la clásica pregunta de

— "¿Qué tal en el cole?"

Pintaba, hacía deberes, lo que fuera para desviar la atención. Llamaba a mi madre por teléfono (porque ella trabajaba) y le decía que todo estaba bien. Colgaba y me iba al baño a llorar. Porque sí, esconderle cosas a mi madre es de lo más duro que he hecho nunca.

El instinto de proteger

Paradójicamente, cuando veía que hacían bullying a alguien, sin pensarlo desviaba la atención hacia mí. Era un impulso automático, algo que surgía de mí sin razonarlo. Creo que algunos de los que hemos sufrido bullying sentimos el instinto de proteger a otros para que no pasen por lo mismo. Es un acto de coraje que nace del dolor y del deseo de romper ese ciclo.

Recuerdo a Elena en segundo de primaria; ella era una niña muy agradable, a quien volví a ver años después en un ciclo formativo. Conectamos de inmediato, aunque no nos habíamos visto desde aquella época.

El problema de Elena era que, cuando se ponía nerviosa, se orinaba encima. Imagina el escarnio: toda la clase señalándola, riéndose, gritando:

— "¡Se ha meado!"

Un día en particular, la pobre estaba llorando desconsolada después del accidente. Sin pensarlo, agarré la mochila de uno de los niños que más se reían y la lancé contra la pizarra con toda mi fuerza.

El caos fue instantáneo. Mientras algunos seguían burlándose de Elena, muchos volvieron su atención hacia mí, eso permitió que la profesora pudiera ayudarla a salir del aula, llamar a sus padres y limpiar la zona. Luego regresó a la clase con ropa limpia, pero el precio lo pagué yo:

El dueño de la mochila y sus amigos se abalanzaron sobre mí. Tiraron mis cosas por los aires. Arrojaron mis preciadas tijeras azules por la ventana y, por supuesto, me llovían insultos mientras recogía mis pertenencias.

Lloré, sí, lloré por las tijeras perdidas y por la humillación pública, pero, entre las lágrimas, sentía una extraña paz, porque había logrado lo que quería: el acoso había cambiado de objetivo. Esa tarde volví a casa con menos material escolar, pero con la certeza de que había hecho lo correcto; el acoso escolar me alcanzó, pero no me derrotó, porque esta vez había sido mi elección.

Aquel día aprendí que **el verdadero valor no está en evitar el dolor, sino en decidir por qué causas vale la pena sufrirlo**. Elena merecía ese respiro, y yo... yo merecía saber que podía hacer algo, aunque fuera pequeño, contra la crueldad.

Capítulo 4: Cuando el dolor ataca a las defensas

Hay un dicho célebre, muy usado en psicología:

— *"El cuerpo grita lo que el alma calla."*

Nunca pensé que me tocaría de cerca; sin embargo, así fue... Tenía trece años y cursaba segundo de la ESO cuando, en febrero de 2005, recibí el diagnóstico. Nunca olvidaré el momento en que los médicos me dijeron aquellas palabras que cambiarían mi estilo de vida para siempre:

— "Tienes diabetes tipo 1."

Recuerdo la expresión de confusión en el rostro de mis padres, probablemente preguntándose cómo era eso posible. Yo tampoco lo comprendía del todo, hasta que una enfermera me preguntó:

— ¿Ha pasado algo en tu vida? ¿Algo que te haya hecho daño durante mucho tiempo?

En ese momento, negué con la cabeza. ¿Qué podía haber pasado? Yo era solo un niño. Pero mientras más lo reflexionaba, más se hacía presente en mi mente un pensamiento recurrente...

El bullying: esa herida abierta que llevaba conmigo en silencio, invisible para los demás.

Había soportado tantas cosas sin decir nada, incluso la separación de mis padres —que entendía era necesaria—, pero sin duda, el acoso escolar cargaba con el mayor peso emocional. Sobre todo, porque sentía que los adultos intentaban minimizarlo con frases como:

— "Son cosas de niños", "Es algo de la edad" …

Nadie en la escuela se tomó la molestia de preguntarme cómo me sentía al respecto. Había pasado ya algún tiempo desde aquellos ataques, y mi vida había mejorado considerablemente en la ESO. Pero mi cuerpo, al parecer, no lo había olvidado.

Y es que sucede que lo que guardamos en silencio poco a poco nos consume; queda en el subconsciente, define nuestro comportamiento y, de un modo u otro, nos acompaña para siempre.

Años después investigué y descubrí que no estaba loco. Estudios serios demuestran que el estrés crónico —como el que yo sentía cada mañana antes de entrar al instituto— puede desequilibrar el sistema inmunitario. Imagínate: tu cuerpo, en vez de defenderte, empieza a atacarte porque está tan confundido como tú.

La diabetes tipo 1 es solo una de las formas en las que el cuerpo grita lo que la boca prefiere callar. Hoy sé que el dolor no se olvida. Y aunque no puedo probar que el bullying me causó la diabetes, estoy convencido de que fue así.

Aunque me gustaría decirte que en España ya se han realizado investigaciones concretas que vinculen el bullying con enfermedades autoinmunes como la diabetes tipo 1, lo cierto es que, hasta la fecha, no se ha establecido esa conexión de forma oficial en el país. Sin embargo, esto no quiere decir que la relación no exista o que no se esté investigando.

De hecho, hay investigaciones internacionales que se han dedicado a observar de cerca el vínculo. Un estudio, publicado en Diabetes Care, por ejemplo, propone que el estrés psicológico, medido como tensión psicosocial en la familia, podría involucrarse en la inducción o progresión de la autoinmunidad relacionada con la diabetes.

No se trata solo de emociones, estamos hablando de algo que golpea mente y cuerpo en modo silencioso. La ciencia también ha comenzado a exponer que el estrés constante, como el que provoca el bullying, puede generar inflamación en el organismo, alterar el sistema inmunológico y abrir la puerta a desajustes que muchas veces no comprendemos hasta que se exteriorizan en forma de enfermedad.

Si estás pasando por algo similar, o alguien cercano lo está y quieres profundizar, hay un artículo que lo explica con claridad: "Asocian el bullying con aumento de la inflamación sistémica". Te animo a leerlo. Porque a veces, entender lo que sucede es fundamental para comenzar a hacer los cambios que sean necesarios.

Capítulo 5: Sanando viejas heridas

A veces, la vida nos guía de regreso, no para revivir el dolor, sino para comprenderlo, perdonarlo y, finalmente, liberarnos. ¿Recuerdas cuando te hablé de mi padre? De su partida y de esa niebla espesa que cubría nuestra relación desde entonces, provocada por mi reacción a sus palabras de despedida. Pues bien, para disiparla no quedó más remedio que afrontar la situación.

La conversación con mi padre no fue planeada; como tantas otras cosas en la vida, simplemente surgió.

Todo comenzó cuando entré en una empresa de multinivel, en la que me integré más por curiosidad que por convicción. Sin embargo, lo que me atrapó no fue tanto el producto, sino todo ese mundo del desarrollo personal que manejaban. Hablaban de PNL, coaching, introspección… conceptos que jamás había explorado antes y que, sin darme cuenta, empezaron a remover cosas muy profundas en mí.

En uno de esos ejercicios de autoconocimiento me di cuenta de algo que llevaba años evitando, y que, además, había preferido ignorar: la relación con mi padre siempre había sido diferente, mientras que con mi madre era otra cosa completamente distinta.

No es que no le quisiera, al contrario, siempre he amado profundamente a mi padre. Pero entre nosotros había una distancia, algo difícil de explicar. Una especie de barrera invisible que hacía que nuestro trato fuera más frío, menos natural. Con mi madre la conexión fluía sola, pero con él sentía que caminábamos sobre terreno inseguro.

Una tarde, mientras tomábamos café, salió el tema. Estaba también mi hermano presente, y aproveché para decirlo:

— Papá —le dije—, necesito hablar contigo. Estoy haciendo ejercicios de introspección y hay cosas que necesito aclarar contigo.

Le pregunté directamente por aquel día en que se fue de casa. Quería entender, de una vez por todas, qué había pasado realmente entre nosotros.

Su respuesta me dejó atónito:

— Nunca te lo había dicho, Adri, pero cuando me fui de casa, tú me dijiste: "Es lo mejor que puedes hacer, papá". Y desde entonces, siempre pensé que querías que me fuera.

— Desde entonces pensaba que querías echarme — me confesó.

Sus palabras me sacudieron. Nunca imaginé que él lo había vivido así. Le expliqué la verdad: que no era que yo quisiera que se fuera, sino que la situación en casa era insoportable. Las peleas constantes, los gritos... era un ambiente muy tóxico para todos.

— "Lo que te dije no era un rechazo, papá. Era un niño que no sabía cómo expresar que ya no aguantaba más el caos. No quería que te fueras, pero entendía que era necesario" —argumenté.

Él se quedó en silencio, como si esas palabras le hubieran aliviado.

— ¿Cómo iba a querer eso? —le respondí—. Eres mi padre. Pero no podíamos vivir así.

Le repetí lo que le había dicho otras veces, desde que empecé este viaje de crecimiento personal. Le dije que entendía que se había quedado por nosotros, que quería sostener el hogar porque mi madre cobraba muy poco y él sentía que debía aportar, pero que eso no justificaba vivir atrapados en la tensión permanente.

— Tendrías que haberte ido antes. Tú o mamá, no importa quién. Pero no podíamos seguir así —insistí.

Él asintió. Se notaba que algo dentro de él se acomodaba, como si por fin las piezas empezaran a encajar. Vi cómo sus ojos cambiaron. Era como si, después de años, finalmente hubiera podido soltar un peso que arrastró en silencio durante tanto tiempo.

Esa conversación no resolvió todo mágicamente, pero marcó un antes y un después. Entendí que, muchas veces, las heridas entre padres e hijos no vienen del desamor, sino de malentendidos que nunca se aclaran.

Yo siempre había amado a mi padre, pero nunca nos habíamos sentado a hablar de lo que realmente importaba. Ese día, gracias a un simple ejercicio de introspección, dimos el primer paso para sanar una herida que llevaba demasiado tiempo abierta.

A veces, sanar no requiere grandes gestos. Basta con tener el valor de decir lo que duele y escuchar lo que nunca se dijo.

Capítulo 6: Momentos que salvan

Podía estar todo mal, podía dolerme el estómago por los nervios y podía recibir insultos en cada esquina del colegio, además de algún que otro empujón detrás de alguna puerta; sin embargo, luego... luego me juntaba con mis amigos y, entonces, todo cambiaba, porque me lo pasaba bien y, por un rato, parecía que nada de lo demás existía...

No había una hora exacta, nunca la hubo, solo sabíamos que, cuando terminábamos los deberes, nos encontrábamos allí, como un pacto tácito entre un grupo de niños que aún creían que el mundo podía arreglarse con un balón y un escondite. Y sí, quizás muchos de los que estaban allí eran los mismos que, al día siguiente, se reirían de mí o harían algún comentario estúpido en clase, pero había momentos de juego en los que todos éramos iguales, al menos durante un rato.

Creo que esos momentos son momentos que salvan, porque momentos felices tuve bastantes, incluso en el colegio, ¿sabes? Lo bueno que siempre he tenido, al menos desde que tengo uso de razón, es que, aunque hubiera algo que me afectara negativamente —como el bullying en aquella etapa—, siempre había algo que me sacaba a flote.

En el colegio también. En los recreos, cuando no había alguien detrás insultando o agrediendo, tenía momentos buenos. Recuerdo que en quinto monté una especie de banda de amigos —una chorrada de crío, lo sé— a la que llamé, creo, Montaña Blanca. Teníamos puntos como si fueran carnés de conducir, y yo los asignaba, los quitaba, los devolvía. Quizá era una tontería, pero era mi tontería. Ser líder, tener un cuaderno con nombres, tener reglas. En una vida donde casi nada podía controlar, significaba algo.

Y no, no todo era gris. Había recreos en los que jugaba sin miedo, sin nadie detrás, sin insultos; había risas que aún atesoro y momentos en los que podía sentir que la vida no se reducía a aguantar, sobrevivir o esconderme. Y aunque, a veces, un momento que salvaba no era una risa compartida, sino una pausa, un sitio sin nadie, un lugar donde poder respirar sin que nadie me mirara. Esos momentos de esparcimiento, por pequeños que fueran, eran fundamentales.

Y es que, con los años he pensado mucho en por qué algunos niños se rinden, por qué otros replican la violencia, por qué hay quienes se quedan atascados en la rabia o la tristeza.

—¿Y si la diferencia estuviera en estos instantes?

—¿Y si el antídoto contra el desaliento fuera, precisamente, tener algo por lo que valga la pena continuar?

Una risa, un juego, un cuaderno con nombres, un parque donde aún se puede jugar sin miedo, un refugio. Para algunos ese refugio está en el hogar, para otros en un buen libro, en la naturaleza, o en los amigos… Para mí eran momentos.

Yo mentía bien, escondía lo que pasaba. Pero dentro de mí, esa parte de mi personalidad que me hacía disfrutar de los pequeños momentos nunca desapareció y quizás fue eso lo que me salvó. No fue una gran victoria, ni un maestro que me librara del acoso, ni siquiera un amigo fiel. Fue la suma de pequeñas cosas, creo que eso marcó la diferencia.

Pero ¿qué ocurre cuando el hogar no es un refugio, sino otro frente de batalla? Cuando la violencia no se limita al aula, sino que persiste en cada espacio posible.

—¿Qué sucede cuando no hay un lugar que ofrezca alivio?

Esos niños y adolescentes no solo cargan con la humillación constante, sino con la desesperanza porque no cuentan con un lugar seguro donde reconstruirse, refugiarse. **Sin una zona emocional intacta, el acoso deja de ser una herida puntual para convertirse en una condición existencial**: la identidad se forma bajo el ataque, internalizando la humillación hasta normalizarla o, en el peor de los casos, hasta desintegrarla.

La pregunta ya no es solo cómo sobreviven, sino qué queda de ellos cuando nadie les ha ofrecido algo más que no sea crueldad...

La primera persona que confió en mí

En este trayecto que llamamos vida, siempre hay alguien que te cambia el día. Por ejemplo, un profe que no va solo a dar clase, sino que te mira a los ojos y te recuerda que sí vales, que no eres invisible. No hace falta que te salve la vida; basta con un gesto sencillo, una palabra de aliento o, simplemente, con su presencia y apoyo... y, de repente, tu mundo mejora un poco.

Mi primer recuerdo de alguien que creyó en mí —más allá de los que tienen la obligación genética de hacerlo— fue una maestra. Lucía se llamaba. Una señora de pelo largo, negro, siempre con faldas y chaqueta de punto, con ese aire de profesora que huele a tiza y a justicia. Estaba yo en preescolar, era un mico, pero ya sabía leer. Bueno, leía, aunque a veces sin entender ni papa. Pero ahí estaba yo, con mis letras en orden.

Mientras el resto de la clase aprendía las vocales como si fueran jeroglíficos egipcios, Lucía hizo algo que no se me olvida: me regaló un libro. Un libro de esos que normalmente se dan a niños de siete u ocho años. Me lo puso en las manos y me soltó:

—Sé que vas a poder leerlo y entenderlo.

Y en ese instante, me sentí visto. Por primera vez, fuera de casa, alguien creyó en mí sin dudar. Así, sin aditivos.

Todavía tengo ese libro por ahí. Y sí, me marcó. Luego hubo más, claro: mi profe de griego, mi profe de cultura clásica, el latín, la biología, la química... pero Lucía, esa mujer de chaquetas de punto y fe ciega, fue la primera grieta por la que entró la luz.

—Gracias, Lucía —pienso—, tu presencia y apoyo hicieron que me sintiera valorado cuando más lo precisaba. Gracias, por ser esa luz en el camino…

Capítulo 7: Superé el acoso, pero dejó cicatrices

"Las cicatrices no son marcas de derrota. Son la prueba de que estuviste aquí, de que algo intentó romperte y fracasó". David Bowie

Sí, creo que he superado el bullying, ¡claro que sí! Pero cómo explicarlo, algunas heridas nunca se van del todo. Es como cuando te haces una herida profunda: la piel sana, sí, pero queda la cicatriz. Ya no es igual. Hay días en que la cicatriz está más sensible que otros, como si el cuerpo recordara lo que la mente quiere olvidar. Así son las marcas que me dejó el acoso. Las llamo 'marcas de guerra' no para dramatizar, sino porque son la prueba de que pasé por algo que pudo haber acabado conmigo... pero no lo hizo, yo gané.

No soy un héroe. Solo alguien que sigue aquí. Y a veces, esa es la única victoria que importa. Sin embargo, no puedo negar que esas cicatrices cambiaron mi forma de relacionarme, la forma en la que veo el mundo y posiblemente el modo en que lo enfrento a diario.

En el trabajo, por ejemplo, todavía hay quienes creen que pueden meterse conmigo sin consecuencias. A veces alguno intenta hacerse el gracioso y ataca con comentarios hirientes. Pero yo aprendí a defenderme. No con insultos, sino con inteligencia.

Cada vez que alguien intenta humillarme, respondo de manera serena pero contundente. Les demuestro que su ataque es ridículo, que están por debajo. Y al final, siempre terminan diciéndome:

—Siempre tienes una respuesta para todo.

Y ahí les suelto mi:

—Efectivamente.

Y les dejo sin palabras. En ocasiones alguno salta y responde:

—¿Lo ves?

Y yo contesto:

—Sí, sí, lo veo.

Eso hace que la persona que se pensaba que estaba por encima baje un nivel.

No lo hago por hacer bullying. No me gusta. Solo me defiendo para equilibrar las cosas, para que entiendan que nadie está por encima de nadie y que, si intentan pisotearme, les voy a recordar que todos estamos al mismo nivel.

Lo que más me ayudó a superarlo fue el autoconocimiento, es decir, estudiarme a mí mismo. Por años, creí que era introvertido, cuando en realidad, esa timidez era una coraza, una forma de defensa. Digamos que el acoso me hizo encerrarme, pero en el fondo, yo no era así. Creo que las personas somos sociales por naturaleza, necesitamos relacionarnos, por ello hoy soy consciente de que, si me escondía, era porque algo dentro de mí seguía herido.

Así que empecé a hacerme preguntas:

—¿Por qué reacciono así? ¿Qué pasó en mi vida que me hizo actuar de esta manera?

Poco a poco, me obligué a salir de mi zona de confort. Aunque me temblaran las piernas al hablar, aunque sintiera vergüenza, seguí intentándolo. Cuando alguien me atacaba, en lugar de callarme, les decía:

—Mira, estos comentarios no me gustan. Estoy trabajando en mí, así que, si puedes evitarlos, te lo agradecería.

No mentiré, fue un proceso largo. Pude haber ido a terapia, pero por cabezonería no lo hice. Aunque ahora reconozco que un profesional me hubiera ayudado mucho más. Pero en aquel entonces sentía que necesitaba hacerlo a mi manera.

Si tuviera que señalar el instante exacto en que todo comenzó a cambiar, ese sería el taller de crecimiento personal. Fue un punto de inflexión. Allí, durante un ejercicio de regresión, volví a mi infancia. Vi a mi yo niño entrar en el salón de mi casa (que ni siquiera recordaba). El escenario me resultaba asombroso: por un lado, escuchaba las instrucciones, pero al mismo tiempo estaba completamente dentro de esa escena mental. Entonces, durante el ejercicio, el guía anunció:

—Ahora ese niño te va a decir algo que le duele profundamente.

Hasta hoy, al recordarlo, se me eriza la piel. De pronto, ese niño me dijo algo que nunca había sido capaz de admitir:

—Me siento solo.

Esas tres palabras me destrozaron. Ahí entendí que el bullying no solo me había hecho sufrir, sino que me había dejado una soledad tan profunda que ni siquiera era consciente de ella.

Ese día lloré como nunca. Pero también me liberé. Fue como encontrar el trauma más grande que he tenido y soltarlo. Después haces un ejercicio de liberación, y cambias de verdad. Es impresionante. Las personas notaron que ya no era el mismo.

No puedo negar que también cambié por muchas cosas, un problema que arrastraba —desde antes de los 27, incluso antes (no recuerdo bien la edad exacta)— era que todo me costaba. Absolutamente todo. Vivir era difícil. Conectar, también. Y confiar... eso ya era otra historia.

Recuerdo que con veinticinco años empecé una relación, pero mi problema era que estaba llenito de traumas. ¡Vamos, que iba por la vida con una mochila emocional más grande que mi sombra! Y es que, fue la primera vez que estuve con un chico. Antes, solo había estado con chicas. Obviamente, para esconder mi lado bisexual. Porque sí, porque no quería que la gente lo supiera, que lo viera. Me daba pánico.

El miedo que no se dice, se arrastra

Era la primera vez que tenía una relación oficial, estable, con un chico. Y no quería sacarlo a la luz, simplemente no quería. Tenía miedo. Miedo de la represión, miedo de las críticas, miedo de que me pegaran, de que me insultaran. Tenía muchísimo miedo. Así que, durante gran parte de esa relación, mi familia ni se enteró. Lo sabían algunos amigos, pero no todos y en público, bueno, con el tiempo me fui soltando un poquito por la calle, era como:

—Bueno, venga, no pasa nada, da igual...

Pero lo llevaba fatal, realmente muy mal.

Esa invisibilidad, esa negación silenciosa, le afectaba muchísimo a él, porque claro, le dolía. Y lo entiendo. Es como si yo no quisiera mostrarlo al mundo, como si no quisiera integrarlo en mi vida, como si me diera vergüenza. Mientras tanto, él solo quería eso: entrar en mi mundo, quería pertenecer. Pero mi problema era el miedo, ese temor que siempre me acompañó y que nunca trabajé. El miedo nacido de todo lo que viví, de todo lo que pasé, ese pánico que contaminaba cada palabra, cada gesto, cada decisión. Y claro, eso acababa en discusiones; discusiones tontas, pero constantes.

Al final, la relación se rompió por otros motivos, sí, pero yo no estaba bien, nada bien. Y toda esa tensión que solté al fin cuando lo dije, me pasó factura, sobre todo, en la diabetes. Tuve una racha horrible. Y esa racha provocó aún más discusiones. Era un círculo vicioso: lo que no decías te carcomía, lo que callabas se te volvía en contra. Y al final, lo que te duele por dentro termina doliéndole también a quien te quiere.

Lo más duro es que todo, absolutamente todo lo malo que ocurrió en esa relación, venía de mis complejos. Complejos que no nacieron de la nada, no; venían de todo lo que yo había vivido antes. De las veces que me hicieron sentir menos, raro, invisible. Yo quería a esa persona, y esa persona me quería a mí. Sin embargo, los traumas no sanados no entienden de amor, solo de supervivencia. Y, aunque intentemos amar, sobreviviendo no se construye una relación. Por más que haya cariño, el peso del pasado puede terminar por derrumbar lo que intentamos edificar juntos.

Paradójicamente, no era la primera vez... Sí, esto ya me había sucedido... Había perdido otra relación previa porque la viví desde el apego. Pero no un apego sano, no, un apego tóxico. De esos de:

—Te cojo y no te suelto, porque me da pánico perderte.

Sé que todo esto venía del colegio, del acoso que experimenté durante mis años ahí. Porque cuando conectaba con alguien, esa conexión para mí era algo tan raro, tan especial, que me daba miedo perderlo. Y es que, yo no estaba acostumbrado a sentirme conectado con nadie. Entonces, me aferraba. Me aferraba de forma desesperada. Y claro, lo perdía igual, o más rápido. Eso lo noté después.

Cuando dejé a este chico fue cuando, de casualidad, entré en el mundo del multinivel. Que sí, que suena a cliché, pero para mí fue un punto de no retorno. Allí empecé a escuchar hablar del desarrollo personal. Un mundo que, hasta ese momento, me era completamente desconocido. Y empecé a estudiar. Empecé a leer. A indagar. A devorar libros como si no hubiera un mañana.

Yo ya leía, pero ahí era diferente. Ellos querían que leyera sobre finanzas, sobre dinero, sobre emprendimiento, pero lo que me atrapó fueron los libros de autoayuda. Esos que te hacen mirarte al espejo y te explican por qué eres así, por qué reaccionas así, y cómo puedes dejar de repetir los mismos patrones. Y entonces encontré una frase que se me quedó grabada:

—"Para llegar a donde quieres estar, tienes que hacer cambios".

Esa frase me caló tan hondo que ya no hubo vuelta atrás…

El tatuaje del cambio

Hay una pregunta que debes hacerte: ¿qué parte de ti no estás permitiéndote ser por miedo a no ser lo que otros esperan? Porque, claro, probablemente te pasas la vida queriendo complacer, siguiendo patrones ajenos, obedeciendo, y cuando por fin te apetece cambiar, es posible que no sepas cómo.

Según mi experiencia, se trata de autoconocimiento: tú tienes un estado actual. ¿Cuál es? Eres una persona introvertida, alguien que ha sufrido acoso, a quien le da miedo el rechazo, los insultos, el que le peguen. Temes perder vínculos, perder afectos, perder… simplemente perder…

Pero, del mismo modo en que tienes un estado actual, también tienes un estado deseado. ¿Y cuál es ese estado? ¿Quieres ser una persona reconocida? ¿Quieres ser una persona extrovertida, que lo eres en esencia, pero no consigues expresarlo? ¿Quieres poder hablar en público sin titubear? ¿Quieres ser alguien que infunda confianza? ¿Alguien que marche firme, sin necesitar permiso para vivir?

Pues para lograr ese estado deseado, tienes que hacer cambios. No hay otra. **Si no haces cambios, vas a quedarte siempre en el mismo lugar**. El estado actual no desaparece por arte de magia. Hay que mover las piezas en el tablero, sí hay que pensar en la estrategia, pero debes moverte también. Y sí, esos cambios duelen. Porque si lo haces desde la comodidad, desde la recompensa inmediata, vas a quedarte donde estás. Porque tu mente, mientras no sienta incomodidad, cree que todo va bien. Se relaja, no se activa para cambiar.

Los cambios, al principio, punzan. Como cuando te haces una cicatriz. Como cuando te tatúan la piel. Duele mientras te lo hacen. Pero después lo miras, lo ves curarse, lo ves sanar… y piensas:

—"Qué bonito queda, madre mía."
Y lo luces. Lo llevas con orgullo.

Pues esto es igual. Cuando empiezas a hacer esos cambios para convertirte en esa mejor versión de ti mismo, aparecen esas cicatrices llamadas tatuajes. Y piensas:

—"Guau, qué bien me queda esto."

Ahora bien, si decides buscar apoyo profesional y ese profesional te da herramientas que, en lugar de ayudarte, te hacen retroceder, te convierten en alguien que no quieres ser, entonces es que ese tatuador no es bueno. Y en ese caso, cambia de tatuador. Bórrate ese tatuaje con láser, empieza de nuevo, y busca a alguien que te ayude a diseñar y grabarte algo que sí encarne lo que eres y lo que quieres llegar a ser. Porque, como bien dijo Miguel de Unamuno,

—"El hombre no es hombre mientras no se supera a sí mismo."

Esta frase encierra una verdad profunda: el verdadero crecimiento personal no llega por casualidad, sino a través del esfuerzo constante y la voluntad de enfrentarse a los propios límites.

La comparación con los tatuajes me parece perfecta, porque así funciona: cuando tu cuerpo ya está cubierto con los tatuajes que elegiste, con los que te identificas, te sientes bien y entonces te miras al espejo y sonríes. Incluso puede que te den ganas de hacerte uno nuevo, porque notas que aún hay partes de ti que pueden expresarse de una manera distinta. Así que haces otro cambio, y tu cuerpo te lo agradece con endorfinas, con dopamina, porque empiezas a verte mejor, a verte, por fin, como esa persona que siempre quisiste ser, pero que tu infancia no te permitió, probablemente porque en tu niñez había personas que, en lugar de ayudarte a descubrir quién eras, querían que fueras lo que ellos esperaban, querían moldearte a su imagen, a su comodidad. Y tú tu miedo no te dejaba avanzar, no te dejaba romper esa estructura, no te dejaba elegir tu propio camino.

Precisamente eso es lo que a mí me enciende por dentro. Lo digo y me hierve la sangre. Porque limitar a una persona para que encaje en lo que tú deseas, tanto si eres un padre como si eres un profesor, me parece deplorable. Un hijo, un alumno, un ser humano, tiene que seguir su camino. Tiene derecho a descubrirse, a equivocarse, a elegir.

Lo mismo pasa con el bullying. Exactamente lo mismo. Quieren someterte, tenerte a su merced, y lo hacen infundiéndote miedo, usando la violencia verbal y la violencia física; todo con un único objetivo: que te quedes quieto, que hagas lo que ellos quieren. Porque tu forma de ser no es violenta, no es agresiva. Así que no te enfrentas. Cedes y te rindes ante el chantaje de:

—"Como hagas esto, te pego",
—"Como digas esto, te insulto",
—"Como muestres quién eres, te destrozo."

Y entonces, en lugar de alzar la voz, de contarlo a los profesores, de decirlo en casa, de apoyarte en tus amigos, te encierras. Te quedas en tu mundo, en ese estado actual que tanto te duele. No accedes al estado deseado porque no te dejas ayudar, porque no rompes el patrón, porque el miedo manda.

Eso me parte el alma, pero también me hace hablar. Porque salir de ahí no solo es posible: es urgente.

Capítulo 8: El rol de los padres

El acoso escolar (bullying) suele ocurrir en silencio, lejos de la mirada de los adultos. Estas palabras destacan la desconexión entre la vida en casa y la experiencia en el colegio, así como el miedo a preocupar a la familia. En este capítulo intento explorar el papel crucial de los padres en la detección y prevención del bullying.

A estas alturas ya sabes que llevé una doble vida. Estaba, por un lado, la vida que transcurría en mi casa: la versión que mis padres y mi hermano creían que yo vivía fuera. Y, por otro, estaba mi día a día en el colegio, donde habitaba una realidad totalmente diferente, una que me obligaba a adaptarme, a sobrevivir, a mantenerme siempre en alerta.

Y es que, muchas veces, los padres no se enteran —o no quieren enterarse— de que su propio hijo, o su propia hija, está sufriendo acoso… o, peor aún, de que es quien lo está provocando. Y no siempre es por desinterés, ojo. A veces, simplemente, la vida va tan deprisa que no deja ni un respiro: el trabajo que absorbe, los problemas de dinero que no dan tregua, los roces con la pareja, las preocupaciones cotidianas… todo ese jaleo que supone formar parte de una familia puede nublarles la mirada.

Pero, claro, los chavales no tienen la culpa de ese follón. No deberían cargar con una mochila que no es suya.

Por eso, cuando decidí tirarme a la piscina y empezar este viaje de autoconocimiento —y sí, también de exposición total— lo hice con una idea muy clara: invitar a los padres a pararse un momento y mirar bien.

Porque, sinceramente, los padres tienen que hacerse preguntas, de las de verdad:

—"¿Qué está haciendo mi chaval?"
—"¿Cómo se siente, en el fondo?"
—"¿Le pasa algo y yo ni me entero?"

Los padres, los tutores… cualquier adulto que tenga a su cargo una vida que se está formando, debería implicarse de verdad, hablar con los chavales, mirar más allá del "todo bien" y tratar de sacar alguna conclusión. Porque si no hay diálogo, si no hay conexión, es casi imposible saber si tu hijo está sufriendo acoso.

Yo… jamás, pero jamás fui capaz de contárselo a nadie. Creo que en algún momento lo intenté, un amago, un conato, pero se me cayó antes de salir por la boca, ¿sabes? Había gente que lo sabía, sí. Mis amigos más cercanos, pero a todos, siempre les decía lo mismo:

—"No digáis nada en mi casa, por favor. Ni en la vuestra, porque si vuestros padres se enteran, igual se les ocurre hablar con los míos… y no quiero que lo sepan."

Esa era mi respuesta automática. Y, la verdad, dentro de lo malo, tuve suerte. Me respetaron y nunca soltaron prenda. O al menos yo pensaba que eso era tener suerte. Porque, con el tiempo, entendí que la responsabilidad no era mía, que yo no tenía por qué estar tapando nada ni protegiendo a nadie.

Al contrario: el que necesitaba ser protegido era yo. Pero, en aquel momento, me parecía más fácil cargar con todo que ver a mis padres sufrir. Como si el silencio fuese una forma de cuidarles. Y así, sin querer, me dejé solo.

No se trata de la raspadura en la rodilla, ni del libro o los cuadernos rotos en la mochila. Las señales del bullying suelen ser más sutiles: un chaval que deja de hablar en la cena, una mirada que esquiva cuando preguntas por el colegio, un "no pasa nada" que parece esconder algo más profundo.

Pienso que, como padres, debemos hacer preguntas que vayan mucho más allá del típico: "¿Qué tal el cole?", dicho mientras friegas los platos o revisas el móvil. Esa pregunta se responde con un "bien" o un "normal" automático y, si además estás distraído, no serás capaz de notar un gesto, una mirada, una señal. En su lugar, podrías probar con preguntas más concretas, como:

—"¿Con quién has jugado hoy en el recreo?"
—"¿Todo bien? ¿Alguien te ha dicho o hecho algo que te haya hecho sentir mal?"

Y, después, observa. Presta atención a los cambios. Si tu hijo:

—Se encierra en su habitación más que antes.
—Se pone de mal humor sin motivo aparente.
—Empieza a odiar el colegio de la noche a la mañana.
—Se queja de dolores de cabeza o de tripa cada mañana.

Puede que algo esté sucediendo, puede que ahí haya algo podrido...

Ningún niño debería sentirse responsable de proteger a sus padres. Sin embargo, muchos lo hacen, cargando con un peso que no les corresponde y aguantando el acoso en silencio para "no dar problemas". Tu trabajo es aliviar esa carga, hacerle saber, sin prisas y con hechos, que tú estás para él, que eres tú quien tiene que apoyarle, no al revés.

En el próximo capítulo encontrarás herramientas prácticas para apoyar a quienes sufren bullying. **Estas estrategias surgen de mi experiencia personal y de años de estudio del tema, pero quiero ser muy claro: no sustituyen la opinión de un profesional.**

En muchos casos, el apoyo especializado no solo es recomendable, sino la mejor opción. Reconocer cuándo se necesita la ayuda de un especialista puede marcar la diferencia en un proceso de recuperación.

Capítulo 9: Detectando el bullying

Hace poco un amigo me compartió un vídeo en *Instagram* que no he podido sacarme de la cabeza. En él, una profesora de Estados Unidos enfrentaba a unos alumnos que se reían de otro compañero. Le habían roto la camiseta, le pegaron un *post-it* en la espalda —vete tú a saber lo que ponía—, y todos se descojonaban. Un espectáculo patético. Pero lo potente vino después: la profesora se planta delante de la chavala que hacía el bullying y le suelta, sin paños calientes:

—"¿Tú no te enteras de que hay gente que se quita la vida por esto que estás haciendo? Deberías avergonzarte por ser como eres."

Y no solo eso, les mandó a todos los que participaron un resumen de diez líneas sobre qué es el bullying. Porque, palabras textuales, "parece que aquí nadie tiene ni idea".

Eso, señores, es valentía. Eso es ser profesor con mayúsculas. Eso es lo que no suele pasar.

¿Y si eres tú quien ve que alguien está sufriendo acoso?

Primero, ponte en la piel del otro. No desde el sermón, ni desde el "yo sé más", ni con dramatismos baratos. Desde la empatía real. Si es tu hijo, tu hermano, tu primo, lo conoces y lo ves raro, apático, que no quiere ir al cole. Pregúntale, pero sin asustarle:

—"Oye, ¿estás bien? ¿Te pasa algo en clase?"

El que sufre bullying tiene miedo. Miedo de que, si tú hablas con el centro, la cosa se ponga aún peor. Así que hay que hilar fino:

— Que sepa que estás de su lado.
— Que no le juzgues.
— Que lo que quieres es que esté bien.

Díselo claro:

"Quiero que estés bien en casa, en clase, en tu vida. Y para eso hay que salir de donde estás ahora." A veces, hay que decir verdades incómodas con cariño:

"No puedes seguir permitiendo que esa persona tenga poder sobre ti. Y no estás solo, yo estoy aquí."

Si no sabes cómo decirlo, si no encuentras las palabras, pide ayuda a un profesional. Mejor eso que quedarse de brazos cruzados viendo cómo se apaga esa persona poquito a poco.

Si logras que se abra… prepárate.

Cuando tú sigues tirando del hilo, cuando insistes con cariño, con paciencia, con presencia, tarde o temprano lo suelta. Se viene abajo y ahí, cuando rompe a llorar, no te asustes. Es una señal, esa es la grieta por donde empieza a salir la verdad.

—"¿Estás llorando? Hijo, hija, dime qué pasa. Soy tu madre, soy tu padre. ¿Qué te pasa?"

Si aún no te lo cuenta, no pasa nada. Ya sabes que algo pasa. Y eso basta para actuar. Habla con el centro, pide que lo vigilen, que lo cuiden, que estén pendientes, porque si no haces nada, las consecuencias pueden ser mucho peores.

Y ese es el gran problema: que muchos lo ven... y no hacen nada.

¡Actúa! Aunque te tiemblen las piernas, aunque no sepas por dónde empezar. Aunque no tengas todas las respuestas. Porque a veces, lo único que necesita quien está sufriendo, es que alguien le diga:

—"Estoy aquí y no pienso mirar para otro lado."

Señales

Hay muchos chavales que, de pronto, ya no quieren ir al colegio, ni al patinaje, ni a nada. Y nadie entiende por qué. Pero yo lo sé, lo he visto, lo he vivido, lo he identificado en otros como monitor.

El cambio no es brusco, es sutil. Como una llama que se va apagando en cámara lenta. Créeme: muchos prefieren tragarse el acoso antes que contarlo. ¿Por qué?

Las razones varían:

— Miedo a preocupar: "Si lo cuento, mis padres enloquecerán."

— Vergüenza: "Me harán bullying por llorica."

— Culpa: "Algo habré hecho yo para merecerlo."

Lo cierto es que a veces no notamos las señales, esas que no mienten...

Cuando un niño vive bullying, a menudo crea dos realidades: la de casa (donde finge que todo va bien) y la del colegio (donde sufre). Algunas pistas:

— Borra conversaciones del móvil con nerviosismo.

— Pide que no hables con sus profesores.

— Sus amigos nunca vienen a casa.

Tú puedes romper esas barreras con frases claras:

— Si alguien te hace daño, no es culpa tuya.

— Puedes contármelo, no voy a montar un circo.

— Yo te voy a ayudar. Haremos lo necesario.

— No tienes que pasar por esto solo.

— Vamos a solucionarlo juntos, sin dramas.

Y, sobre todo, demuéstrale que el bullying no lo define:

— Eres mucho más que lo que digan de ti en el colegio.

Eso sí, procura acercarte sin asfixiar:

— "¿Te sucede algo estos días? Te noto diferente. ¿Quieres hablar de algo?"

Cuando tu hijo es el que acosa

Duele admitirlo, pero a veces el problema está en casa.

Si tu hijo:

— Se ríe de otros niños "como broma".
— Siempre tiene problemas con los mismos compañeros.
— Habla con desprecio de algún niño en concreto.

Entonces no mires a otro lado. No lo justifiques con un "son cosas de niños". No minimices diciendo "es que tiene carácter". No esperes a que el centro haga todo el trabajo.

¡Haz algo!

Habla con él. Pregúntale con calma:

— ¿Cómo crees que se siente ese niño cuando le haces eso?
— ¿Te gustaría que alguien te tratara así?

Y luego, hazte preguntas tú también:

— ¿Está repitiendo lo que ve en casa?
— ¿Lo hace para sentirse poderoso?
— ¿Alguien más lo hizo sentir así alguna vez y no lo viste venir?

El acoso escolar no nace de la nada. Se aprende, se imita, se sostiene en el silencio. Pero también se puede desaprender. Y para eso te necesita a ti: no como cómplice, sino como guía.

Porque sí, hay docentes que no miran. Pero también hay padres que no quieren ver. Que callan, que excusan, que miran a su hijo con ojos ciegos porque "mi niño no puede hacer eso".

Y ahí es donde empieza el problema.

No esperes a que la situación explote para actuar. No esperes a que otro padre o madre te venga con lágrimas en los ojos a decirte que su hijo ya no quiere vivir. Mira bien, mira con honestidad.

Porque la violencia no se detiene sola. Se detiene cuando alguien decide ponerle freno. Y ese "alguien", podrías ser tú.

Ten presente que, cuando respondemos con violencia, el ciclo siempre termina en pérdida. Como bien advirtió Gandhi: "Ojo por ojo y todo el mundo acabará ciego." Es decir, con la violencia nadie gana y todos pierden la perspectiva.

Un ejemplo reciente lo vimos en Austria, cuando, en junio de 2025, un exalumno abrió fuego en su antigua escuela de Graz, dejando diez muertos y veintiocho heridos.

Este chico, de 21 años y sin antecedentes penales, arrastraba heridas profundas causadas por el bullying sufrido durante sus años escolares. Esto pone en bandeja la urgencia de reforzar los métodos de prevención y de ofrecer un apoyo emocional real en las escuelas. La tragedia que sacudió a todo un país volvió a abrir el debate sobre cómo el acoso puede destrozar la salud mental.

Capítulo 10: Llamado urgente a las escuelas

El acoso escolar no es algo puntual ni un problema sin importancia. Es una realidad dura que marca la vida de miles de niños y jóvenes en España. Aunque se habla más que nunca de este tema y se intenta frenarlo, las cifras siguen siendo escalofriantes. Según el último informe de la Fundación ANAR y la Fundación Mutua Madrileña (2024), casi uno de cada diez estudiantes sufre bullying o ciberacoso. Pero lo más preocupante es que casi la mitad de los compañeros (47%) admite no hacer nada cuando presencia un caso de acoso.

Estos datos no solo muestran lo extendido que está el problema, sino también esa actitud de "no es mi asunto" que lo hace aún más grave. Muchos callan por miedo, por indiferencia o porque no saben cómo ayudar, dejando a las víctimas atrapadas en una soledad devastadora.

Las escuelas, que deberían ser lugares seguros para aprender y crecer, tienen que tomar las riendas en esta lucha. No basta con actuar cuando el daño ya está hecho; hay que prevenir. Programas que fomenten la empatía desde pequeños, protocolos claros y medidas como la tutoría entre iguales —que Asturias ya ha hecho obligatoria en todos sus colegios— son pasos clave para detectar y frenar el acoso a tiempo.

Pero no solo es cosa de los centros educativos. Los profesores necesitan herramientas para identificar las señales y saber cómo actuar. Las familias también deben estar involucradas, porque solo con un trabajo en equipo se puede crear un entorno donde los niños se sientan seguros.

No podemos seguir permitiendo que tantos chavales sufran callados. Acabar con el bullying exige que todos —docentes, alumnos, familias— asumamos nuestra parte. Las aulas tienen que ser espacios de respeto, no de dolor.

Porque todos los niños merecen ir al colegio sin miedo. Porque cada uno de ellos debería sentirse valorado, escuchado y protegido. Es nuestra responsabilidad hacerlo posible.

¿Leyes que protegen del bullying?

Las palabras duelen más que los golpes cuando se repiten cada día en los pasillos de un instituto. España tiene normativas, protocolos y guías contra el acoso escolar. Lo que no tiene son suficientes adultos dispuestos a creer a los niños cuando piden ayuda a gritos silenciosos.

Muchos se hacen de la vista gorda o lo califican como cosa de críos, incluso he escuchado hablar sobre la fragilidad de los jóvenes de hoy día y comparar experiencias vividas como si todos fuésemos iguales o hubiésemos pasado por las mismas cosas o vivido en un contexto similar. Lo cierto es que en el papel todo existe:

—La LOPIVI (2021) con sus coordinadores de bienestar.

—Reglamentos que prometen convivencia pacífica.
—Hasta penas de cárcel para los casos más graves.

Pero en las aulas, los niños siguen tragándose una verdad amarga: denunciar no siempre cambia las cosas. Y si te parece exagerado, basta con mirar dos historias recientes que lo confirman sin necesidad de adornos:

Sallent, febrero de 2023.

Dos hermanas gemelas se tiran por la ventana de su casa. Tienen 12 años.

Durante días, la noticia recorre los medios. Se habla de tragedia. De sorpresa. De lo impensable. Y, como casi siempre, llegan rápido los comunicados oficiales. La consejería de educación asegura que no hay indicios de acoso escolar. Que no consta. Que no hay pruebas.

Semanas después, lo que se negó con tanta firmeza empieza a salir:

—Mensajes de WhatsApp con insultos y amenazas.
—Profesores que no dieron importancia a las señales.
—Un protocolo psicológico que se activó tarde, cuando ya no quedaba nada que prevenir.

Ahí están los tres fallos de siempre.

Los que siguen ocurriendo mientras todos dicen que "están trabajando en ello".

Protocolos que llegan cuando ya no sirven.

En teoría están para proteger a los niños, pero en la práctica se activan cuando el daño ya está hecho. Hasta entonces, la respuesta suele ser la misma: no vimos nada raro.

Impunidad para el que acosa.
Quitar a un agresor de un aula cuesta más que cambiar de gobierno. A menudo es la víctima la que acaba fuera. La que se tiene que ir. Como si el problema fuera ella.

El ciberacoso, ese enemigo invisible.

Hoy la mayoría del bullying ocurre en los móviles. Ya no se termina en la puerta del colegio. Sigue por WhatsApp, por redes, por donde nadie mira. Y si lo denuncian, a veces ni siquiera saben cómo actuar.

Lo peor es que la cosa no para ahí, el ciclo parece repetirse una y otra y otra vez.

Madrid, 2024.

Diego, 14 años, sobrevive a un intento de suicidio tras dos años de acoso. El colegio responde con una frase que ya suena a disco rayado:
— "No detectamos señales."

Otra vez. Las mismas palabras. La misma historia…

Valencia, 2025.

Un niño de 10 años es violado por tres compañeros durante un viaje escolar a Málaga en el año 2023.

Nadie vio. Nadie oyó. Nadie habló.

Al volver del viaje, el niño se apaga. Cae en un silencio absoluto: no habla, no duerme, se orina encima. Su cuerpo empieza a gritar lo que el sistema se negó a escuchar. Y mientras su madre, desesperada, busca respuestas, el colegio se blinda tras una frase hueca:

— "Tomamos las medidas necesarias."

¿En serio? ¿Cuándo? ¿Cuándo ya era demasiado tarde?

Más tarde, los médicos confirmaron la agresión. La Fiscalía actuó en consecuencia. Los medios informaron el hecho. Pero el daño ya está hecho. La infancia de ese niño quedó marcada para siempre, no solo por la violencia brutal de sus agresores, sino por la negligencia de quienes debieron protegerlo y no lo hicieron. ¿Dónde estaban los monitores? ¿Dónde los adultos? ¿Dónde la vigilancia? ¿Dónde la humanidad?

Y no, no es un caso aislado. Es el reflejo extremo de una cadena de errores que empieza siempre igual: con un silencio. El silencio de los que ven y no actúan. De los que sospechan y no preguntan. De los que oyen y prefieren mirar hacia otro lado.

¿Cuántos casos hacen falta para que esto cambie de verdad?

—Porque tener leyes no sirve de nada si nadie las aplica.

—Porque los protocolos no salvan a nadie si llegan tarde.

—Porque de poco vale decir que estás contra el acoso si no sancionas al que acosa.

Lo más duro no es que no haya herramientas. Lo más duro es que existen. Pero nadie las usa. Se quedan ahí: guardadas, oxidadas, criando polvo en un cajón.

Y mientras tanto, los chavales empiezan a creer que pedir ayuda no sirve de nada. No porque no lo intenten. Sino porque muchas veces, cuando lo hacen, nadie responde como debería.

Y ese es el verdadero fracaso.

No que falten recursos, sino que falte el coraje de usarlos cuando más se necesitan.

Esto no va de normativas ni de discursos. Va de vidas.
Va de niños que un día se rinden porque nadie supo mirar a tiempo.

Y la pregunta sigue ahí, sin respuesta:

¿Cuántos más tienen que caer para que dejen de mirar para otro lado?

Capítulo 11: No estás solo

"Me golpeaban hasta dejarme sin aire en el suelo. La única forma de defenderme fue aprender a rimar más rápido que sus puños." Eminem

*Sí, m*uchos de los artistas que hoy admiramos vivieron lo mismo que tú. Gente que, como nosotros, pasó noches enteras llorando a escondidas, que inventaba dolores de barriga para faltar a clase, que tuvo que reconstruirse a golpes. Personas que cargan con los mismos fantasmas que tú y que yo.

No voy a decirte que el tiempo lo cura todo. Eso es mentira. Pero sí te digo algo que aprendí cuando por fin me atreví a hablar: el acoso es una mierda que nos echan encima, pero sobrevivirlo es nuestra victoria personal. Cada vez que rompemos el silencio, les robamos un poco de su poder.

Si estas palabras te suenan familiares, si algo en ti se reconoce al leerlas, recuérdalo bien: **no estás solo**. Aunque no lo parezca, saberlo ya es un paso gigante para soltar el peso que llevas encima.

A continuación, te comparto algunas historias que recogí de primera mano. Vidas reales, personas que —como yo— también buscan alivio, sentido y propósito.

Cuando el instituto permanece en las sombras

Muchas personas caminan por la vida sintiéndose fuera de lugar, como si no encajaran del todo en este mundo. Nadie sabe muy bien de dónde nace esa sensación, pero lo cierto es que pesa, y nos hace sentir un poco al margen, como si fuéramos piezas sueltas en un rompecabezas equivocado.

Pero ser distinto no justifica el acoso. Nada lo justifica. Nunca.

Laura se sentía así y quizá tú también...

El bullying no siempre llega con gritos o golpes. A veces empieza en silencio: una mirada que soslayas, risas que se apagan cuando entras, ese hueco a tu lado que nadie ocupa.

Laura lo sabía bien. Nunca le pintaron insultos en la mochila, pero cada día sentía el mismo mensaje: "Aquí no sobras, pero tampoco encajas". Y cómo explicarlo. ¿Cómo decir que te duele lo que no se ve? ¿Cómo pedir ayuda cuando no hay moratones que enseñar?

El acoso que no se ve duele de otra forma. No deja marcas físicas, pero te repites una y otra vez: "¿Será cosa mía? ¿Estoy inventándomelo?". Todo cambió cuando llegó a la ESO. Nuevo centro, nuevas caras, nuevos códigos que nadie te explica y que tú tienes que descifrar completamente sola. Ahí conoció a un chico; no hicieron nada malo, solo hablaban, se reían...

Pero eso bastó. En el pequeño mundo de los pasillos del instituto, eso fue suficiente. Porque Laura había cometido el peor error posible: había llamado la atención del chico equivocado.

Los murmullos se convirtieron en tirones de pelo, los susurros en "zorra" en los pasillos, "perra" en clase; palabras que golpeaban como piedras. Laura aguantó en silencio, tragando los nudos en la garganta como si fueran pastillas amargas, hasta que empezó a sentirse cada vez más pequeña por dentro.

Laura pasó meses sin contárselo a sus padres, pero ellos, que no eran tontos, pronto notaron que algo iba mal: empezó a negarse a ir al instituto, a encerrarse en casa, a apagarse poco a poco. Hasta que un día, tras insistirle, se lo soltó: un grupo de chicas, liderado por esa en concreto, le estaba haciendo la vida imposible.

Sus padres fueron al instituto exigiendo una solución, pero incluso durante la reunión con el director, desde la ventana se oían los gritos de las acosadoras llamándola "zorra" y "puta".

La respuesta del centro fue un encogimiento de hombros:

—La cambiaremos de clase —dijeron (como si el problema fuese el aula y no ellas).

Y cuando sus padres pidieron la expulsión de las acosadoras, el instituto les soltó la perla:

—¿Y si Laura tiene parte de culpa? Estas chicas nunca han dado problemas… ¿Seguro que no habrá hecho nada para provocarlas?

Las acosadoras, por cierto, eran repetidoras. Pero claro, el problema era Laura.

Laura dejó de ir al instituto. La "solución" del centro fue asignarle un profesor particular y un psicólogo para evitar el contacto con sus acosadoras. Pero el problema no desapareció: aquellas chicas empezaron a aliarse con otros jóvenes del barrio.

Hablo de Vallecas, un distrito de Madrid con fuerte presencia gitana. No es cuestión de generalizar —no todos son así—, pero el caso es que se juntaron con un grupo conflictivo. Y entonces el bullying traspasó las paredes del instituto: las mismas chicas que la hostigaban en clase empezaron a buscarla por el barrio, ahora acompañadas de un grupo más grande. Hasta que un día aparecieron en su portal —con un bate de béisbol— preguntando por ella.

Laura no estaba en casa.

Así que salieron a recorrer las calles del barrio, bate en mano, preguntando a vecinos…

El acoso la empujó a cambiar de instituto. No fue una elección, sino la única salida que le dejaron cuando nadie hizo nada por detenerlo. Nuevo uniforme, nuevas paredes que no conocían su historia. Segundo de la ESO fue tranquilo. Demasiado tranquilo. Hasta que todo se repitió.

Otro chico que le dirigió la palabra. Otra chica que no toleró compartir su atención. Los mismos patrones, distintos nombres. Porque Laura había aprendido algo terrible: después de lo vivido, ya no podía confiar en las chicas.

Su refugio fueron los chicos. Los que no le susurraban "puta" al pasar. Los que no la juzgaban simplemente por existir. Pero otra vez, por juntarse con un chico que no "debía", le tocó otra paliza. Esta vez con amenaza previa: "El lunes te vas a enterar". Laura, temiendo lo peor, pidió ayuda a un amigo gitano para acompañarla al instituto. Pero nada la preparó para lo que encontraron: todo el centro congregado en la entrada, con las acosadoras al frente.

Una chica visiblemente más grande —practicante de judo— esperaba para cumplir su promesa. Cuando Laura intentó confrontarla con la razón:

—¿Qué te he hecho?

Acto seguido, la agarró del pelo, la tiró al suelo y comenzó a golpearla. Su amigo reaccionó: dio una patada para separarlas y la sacó de allí.

Lo más doloroso no fueron los golpes. Fue ver entre los presentes a su vecina de toda la vida, la que creció puerta con puerta, animando:

—¡Sí, dale! ¡Se lo merece!

Ella no daba crédito a lo que veía y escuchaba. Simplemente no entendía nada.

Al contárselo a sus padres, el instituto repitió el mismo patrón:

—Esta chica nunca dio problemas... ¿Seguro que no provocaste tú?

Como si tres años de conducta ejemplar borraran un intento de linchamiento...

El único intento del instituto por encontrar una solución fue pautar una reunión con los padres de las acosadoras, pero la misma fue inútil. En lugar de escuchar, se cerraron en banda:

—Mi hija no es así. La rara es la tuya.

Los progenitores llegaron incluso a enfrentarse verbalmente con los padres de Laura, negando toda responsabilidad.

Ahí estaba el verdadero problema: cuando los adultos ven el bullying como "cosas de niños" o, peor aún, justifican a sus hijos, el sistema falla dos veces. Primero, al no proteger. Después, al no educar.

El calvario de Laura solo terminó al llegar a Bachillerato. Un nuevo centro, un novio que le dio cierta sensación de protección... Pero las cicatrices de años de persecución permanecieron.

Cuando escuché la historia de Laura me vi reflejado. Porque el bullying no tiene una única cara. A veces es un empujón. Otras, un grupo entero mirándote con asco.

Otras es indiferencia, esa mirada de "no existes" o "no vales".

Pero sí existimos. Y cada vez que contamos nuestras historias, damos un paso a la sanación. Visibilizar es la única forma de sanar y de evitar que estas cosas sigan ocurriendo sin repercusión alguna.

El día que mamá descubrió que el cole no era tan seguro

Si eres madre, sabes que pocas cosas hay más desgarradoras que ver cómo alguien le hace daño a tu hijo. Y si encima te enteras por casualidad... duele el doble.

María —así la llamaré— lo descubrió un día cualquiera, una mañana en la que, por una vez, no tenía trabajo. Aprovechó para hacer unas gestiones y, ya que estaba cerca del colegio, pensó: "Pues voy a recoger al crío antes de la hora de salida". Nada especial, un gesto de madre.

Entró por la puerta de administración, esa de siempre. Allí la conocían bien; no solo había hecho primaria en ese cole, sino también la secundaria, así que muchos administrativos y hasta algunos profes eran los mismos de cuando ella había concluido sus estudios. Vamos, que entró como por su casa.

El patio estaba lleno de críos de primero a cuarto, corriendo como si aquello fuera un mercado medieval. Su hijo, Andrés, estaba en tercero. Y entonces lo vio...

En el suelo. Un chaval, más grande que él, aunque de su mismo curso, le estaba dando una paliza. Sin pensárselo, María se lanzó como una leona, separó a aquel mocoso y el chaval salió corriendo entre el barullo de niños que jugaban como si nada.

Levantó a Andrés, lo miró a los ojos y le soltó:
—Pero, ¿qué pasa aquí, hijo?

Y entonces, con esa vocecita de vergüenza que te rompe el alma, Andrés confesó:
—Ese chico siempre me molesta.

María subió a coordinación echando humo. No entendía nada. "¿Pero qué clase de cole es este ahora?", pensó. Ella recordaba sus años allí con orden, con profesores atentos… y ahora era un gallinero, niños corriendo a lo loco, sin un adulto vigilando.

La coordinadora, una señora mayor que la conocía de toda la vida, la recibió con un suspiro.

— "Ay, María, son otros tiempos. Ya hemos hablado con su familia, pero el pobre tiene una vida complicada: su madre le abandonó, su padre aparece y desaparece, vive con una tía que pasa de él y una abuela mayor que bastante hace. Hemos intentado hasta sacarle del cole, pero no es tan fácil. Y créeme, tu hijo no es el único".

La única promesa fue que pondrían a un profe a vigilar más. Pero nada cambió.

María, ya con dudas, habló con su hijo mayor, que estaba en sexto, y le pidió que anduviera al pendiente de

Andrés, aunque sabía que no coincidían en el recreo. También se sentó con Andrés y le soltó, en plan madre que quiere arreglar el mundo:

—Mira, hijo, ese chaval lo está pasando mal... A lo mejor lo que necesita es un amigo. Intenta acercarte, ¿vale? Igual lo que le pasa es que no sabe cómo pedir ayuda.

Andrés puso cara de 'anda ya, mamá, ¿en serio?', pero al final aceptó. Lo intentó... y, claro, el otro volvió a irse a por él como siempre.

Tan solo una semana después, el hermano mayor cumplió con su plan de vigilancia: pidió permiso para ir al baño y pilló al abusón justo cuando estaba encima de Andrés, otra vez. No se lo pensó ni un segundo: se lanzó, le metió un empujón con todas sus fuerzas y el chaval acabó en el suelo.

¿Y sabes qué pasó? ¡Le expulsaron! Sí, tal cual. Por ser de sexto y "más grande", dijeron que no podían tolerar esas actitudes. María se quedó con cara de tonta. La coordinadora intentó mediar, pero el director fue tajante:

—Esto no es una prisión, aquí no se hace justicia por mano propia.

María empezó a darle vueltas a lo de cambiar a Andrés de cole, pero quedaba medio curso y encontrar plaza a esas alturas era como buscar un décimo premiado en pleno julio. Andrés, más terco que una mula, le pidió que no le sacase.

Un día la llamaron del cole: Andrés se había defendido por primera vez. No le suspendieron, pero le soltaron el discursito de siempre: que la violencia no se responde con violencia. Vale, sí, muy bonito sobre el papel, pero cuando un crío se siente solo... ¿qué pretenden, que sonría y dé las gracias? Para eso están los adultos: para prevenir y actuar antes de que pase lo que pasó.

Y fíjate tú, ese fue el último día que el abusón le puso un dedo encima. No porque se arrepintiera, que va, sino porque se fue a por otros más pequeños.

Al año siguiente no le renovaron la matrícula. Fue la única "solución real" que dio el colegio. Pero, siendo sinceros, ni a Andrés ni a los demás les solucionaron nada. Y ese chaval, fijo, siguió con su jueguecito del terror en otro cole, con otros críos... Lo de siempre, un ciclo que no termina nunca.

Descubrirse verdugo sin querer

Hace algunos años, una chica llamada Elena me contó una historia que jamás olvidaré. Había llegado como alumna nueva al segundo de instituto después de sufrir acoso escolar en su anterior centro. Pero lo más impactante no fue lo que vivió como víctima, sino lo que descubrió sobre sí misma en ese nuevo comienzo.

En el nuevo instituto, todo parecía ir bien. Por fin había dejado atrás a quienes la hacían sufrir, había formado un grupo de amigos mixto, y su vida daba un giro positivo.

Sin embargo, había algo que la intrigaba profundamente: una de las chicas del grupo, Adela, aunque siempre era amable, mantenía una distancia inexplicable con ella.

Elena intentó por todos los medios ganarse su amistad. Le caía bien, admiraba su personalidad, pero Adela parecía tratarla solo por compromiso social, evitándola siempre que podía. La situación se volvió tan incómoda que un día, Elena no pudo soportarlo más.

—Oye, Adela —le preguntó directamente—, ¿por qué siempre eres tan borde conmigo? ¿Por qué no quieres ser mi amiga?

Adela la miró con una expresión seria y respondió sin tapujos:

—¿En serio quieres saber por qué no quiero ser tu amiga?

Elena asintió, confundida.

—Es que... ¿de verdad no me recuerdas? —insistió Adela.

—¿Debería? ¿Es que nos conocemos de antes? —respondió Elena, todavía confundida.

Adela soltó una risa irónica.
—Nos conocimos cuando éramos pequeñas, tendríamos unos siete años —le dijo, y luego mencionó el nombre de su escuela primaria.

Elena trató de buscar en su memoria, pero no conseguía recordar.

—Lo siento, pero no te recuerdo —admitió con sinceridad y algo de vergüenza.

—Pues prepárate para recordar —dijo Adela, y entonces le contó una historia que movería por completo el mundo de Elena.

Resulta que, cuando eran niñas, Adela cogió prestado un lápiz del pupitre de Elena sin pedir permiso. Cuando Elena se dio cuenta, empezó a llamarla "ratera". Pronto, todos los niños de la clase se unieron al coro, gritándole esa palabra una y otra vez, hasta hacerla llorar.

—Seguro que piensas que soy una tonta o demasiado sensible por recordar algo tan pequeño —dijo Adela, tras contarle los hechos con todo detalle.

Pero Elena, aunque desconcertada por la revelación, negó con la cabeza.

—No, te entiendo perfectamente. Lo que no entiendo es cómo pude hacer algo así y no recordarlo.

Para confirmar lo que había contado, Adela llamó a otro compañero que también había estado en aquella clase. Sin dudarlo, describió exactamente lo mismo: cómo Elena había iniciado el acoso, cómo todos se sumaron, y cómo Adela acabó profundamente herida.

Elena se disculpó de inmediato, avergonzada por lo que había hecho en el pasado. Intentó por todos los medios enmendar el daño, demostrar que ya no era esa persona. Pero Adela no estaba dispuesta a darle una oportunidad. La herida era demasiado profunda, la desconfianza, demasiado grande.

Y lo más doloroso para Elena era que, por más que lo intentaba, no lograba recordar aquel episodio. No aparecía por ninguna parte en su memoria. Sin embargo, al mirar a los ojos de Adela, veía claramente el daño que le había causado. Sabía lo que había pasado. Sabía que ella había sido la causante.

Años después, dándole vueltas al asunto, se lo contó a su madre. Y su madre, con toda la calma del mundo, le dijo:

—En aquella época estabas aprendiendo español. ¿Te acuerdas de que la profe me dijo que te pusiera programas de la tele para que pillaras vocabulario? Pues justo había uno en el que usaban esa palabra "ratera". Veníamos de fuera, estabas adaptándote, habías repetido curso… Hija, no lo recuerdas porque ni sabías lo que decías. Tú no eres esa persona.

Aquello le alivió un poco, pero el peso seguía ahí. Elena jamás dejó de lamentar el daño que, sin querer, había causado.

Esta historia nos enfrenta a una verdad incómoda: a veces somos los villanos en la historia de alguien, incluso cuando no lo recordamos o no lo hicimos con intención. Pero el daño que causamos —aunque a nosotros nos parezca insignificante— puede dejar cicatrices profundas en los demás.

Cuando el dolor no te toca directamente... pero te atraviesa igual

Una vez, una chica —a la que llamaré Andrea para proteger su privacidad— me relató uno de los episodios más duros de su adolescencia: darse cuenta de que su mejor amiga era víctima de acoso escolar.

Andrea y su amiga habían pasado un año separadas, cada una en una escuela distinta, y cuando por fin volvieron a coincidir en el mismo centro educativo, todo había cambiado. Su amiga ya no era la misma. Aquella chica alegre, conversadora y llena de luz, ahora se mostraba callada, distante y con una prisa permanente por desaparecer.

Entraba justo antes del timbre y salía disparada en cuanto sonaba la campana. Comía sola. Siempre que podía, se refugiaba en el aula durante los recreos, lejos de las miradas y los comentarios que, ella sabía, podían estallar en cualquier momento.

Una tarde, mientras ambas estaban juntas en el pasillo, los profesores no les permitieron quedarse dentro del aula. Aquello la obligó a exponerse. Entonces, se acercó un grupo de chicos, entre ellos uno que siempre le había gustado a su amiga. Y fue él quien soltó el apodo:

—Titanic.

Al principio, Andrea pensó que se trataba de una broma sin sentido. Pero cuando preguntó, la respuesta la dejó helada:

—Le decimos así porque tiene la cara como la gente congelada que sacaban del agua.

Su amiga era morena clara, pero tenía una condición dermatológica que le causaba manchas blancas en el rostro, similares a los hongos cutáneos que salen tras visitar una piscina. Nunca había sido objeto de burlas por ello en su antigua escuela, pero en esta, esas manchas eran excusa suficiente para la crueldad diaria.

Y no era solo eso. Su amiga era diabética. Necesitaba inyectarse insulina todos los días. Otro motivo más para sentirse aislada. Otro blanco fácil para las risas, los murmullos, las miradas de asco. Andrea intentó ayudarla. La defendía. Le hacía compañía. Pero también se fue dando cuenta de que el problema no era solo de quienes se burlaban. Era también de quienes callaban. De quienes, pudiendo hacer algo, miraban hacia otro lado.

Porque los profesores sabían lo que pasaba. Y su única respuesta era siempre la misma:

—Son solo palabras, ignóralas.
—No les hagas caso.
—No te lo tomes tan a pecho.

Después de un año de soportar esa indiferencia institucional, su amiga se fue. Abandonó la escuela. No porque no tuviera fuerza, sino porque había comprendido que nadie iba a protegerla allí. Que, en aquel lugar, ser diferente era una condena, no una singularidad.

Y lo más duro, lo que más marcó a Andrea, fue no poder salvarla. Haber estado ahí y, aun así, sentir que no fue suficiente.

Porque, a veces, el bullying no solo destruye a quien lo sufre… también deja heridas en quienes lo presencian impotentes.

Bullying, racismo… o un poco de ambos

Te contaré una historia que me hizo reflexionar profundamente. Es la historia de un chaval que llegó a un nuevo país, más perdido que promesa electoral el día después de ganar las elecciones: mucho ruido, pocas acciones. No tenía amigos, no hablaba el idioma, no conocía a nadie. Su hermano tuvo suerte: era más pequeño. Pero él ya era adolescente, y para él, integrarse fue como meter una ficha del dominó en una partida de ajedrez.

Para colmo, no era como los demás chicos: era reservado, meticuloso, un poco raro para el estándar general, incluso desde niño. Aterrizó en una institución que, para empezar, brindaba un apoyo bastante decorativo con el tema del bilingüismo. Y, después de un año entero en el que se vieron obligados a echarle una mano para pasar las materias, el consejo estrella que le dieron a sus padres fue:

—Sáquenlo de aquí y pónganlo a hacer algo técnico, porque en esto no tiene futuro.

—Hay quienes no pueden con la carga —dijeron, como si hubieran escrito un manual de pedagogía basado en frases para hundir adolescentes.

Sus padres se negaron. En su país de origen él era buen estudiante, jamás necesitó ayuda para cumplir con sus deberes. Y así lo hicieron saber. Entonces llegó el segundo comentario brillante:

—No pueden comparar la educación de aquí con la suya...

Quizá tenían razón. ¿Cómo iban a saberlo? Pero para haber estudiado educación, sabían poco de pedagogía y menos aún de empatía. Pasaron dos años. Hizo un amigo en el instituto. Hablaban de fútbol. Pero, al poco tiempo, el amigo murió por una enfermedad. Era un chico alegre, lleno de vida. Una profesora —coordinadora de curso, para más señas— se acercó un día y le soltó:

—Deberías ser más como él. Ahí lo ves, batallando con una enfermedad dura y, aun así, no pierde la alegría ni las ganas de vivir.

Él, por el contrario, era una persona seria, distante, triste. Un chaval introvertido que quizá aún añoraba todo lo que había dejado atrás.

Esa profesora, coordinadora del curso, le hizo sentir culpable por no estar alegre.

Su madre lo llevó al psicólogo, luego al psiquiatra. Fue un proceso largo y agotador, en un hospital, que arrojó como resultado que, a pesar del desafío del bilingüismo, tenía un coeficiente intelectual alto. Lo verdaderamente relevante es que, además, estaba sumido en un proceso depresivo, fruto no solo de la migración, sino también de su forma de ver el mundo y de algunas dificultades familiares, tanto de salud como económicas.

Su madre informó del diagnóstico a la escuela. Hicieron uno que otro ajuste en el cronograma, pero, sinceramente, les dio igual.

Llegó a un punto en el que no pudo más. Llorando, le dijo a su madre:

—No puedo seguir, no lo soporto. Es duro estar allí.

Obviamente, ella quería que terminara sus estudios. Pero entendió. Fue a hablar con la escuela, a explicar, a pedir su retiro. Por alguna razón, pusieron objeciones: estaban al final del segundo período del cuarto año. Le dijeron que, si lo sacaban, no acabaría la escuela, que no haría nada con su vida.

Pero ella ya lo tenía claro. Había hablado con otro instituto, a 20 kilómetros de casa, en una ciudad más multicultural y desarrollada. Porque sí, él estaba prácticamente en un pueblo, donde todos se conocían y se saludaban por su nombre, donde el círculo era cerrado y quienes no encajaban quedaban fuera.

En el instituto que dejó, además de los comentarios velados, estaban las risas, los susurros, las indirectas que no iban dirigidas a él, pero sí. Nada frontal, por supuesto, que para eso hace falta valor.

¿Y los profesores? En su mundo.

Lo que más le decepcionó no fueron los chiquillos. No. Lo decepcionante fue ver a un grupo de adultos con aires de superioridad ocupando un cargo que claramente les quedaba grande. Porque jamás entendieron lo que significaba educar, guiar, acompañar. Nunca quisieron mirar más allá de lo obvio.

La vocación es fundamental en cualquier profesión, pero en educación... es vital. Mi mayor deseo al compartir esta historia es lanzar este mensaje:

—Por favor, no estudies educación si no tienes vocación. Podrías ser el motivo por el que un chaval pierda la batalla.

No todos tienen una red familiar. No todos tienen un espacio seguro. Ojalá me tomes en cuenta.

Por cierto, esto no fue en España, pero sí en Europa. Y sí: se graduó.

Capítulo 12: Tirando del hilo, dónde pedir ayuda

Una de las cosas más difíciles que he tenido que aprender en esta vida fue a meterme en mis propios pensamientos sin salir escopetado. Porque cuando vienes de un trauma, del acoso del patio de colegio, de sentirte pequeño durante años, tu cabeza se convierte en un cuarto trastero lleno de cajas sin abrir. Y claro, a nadie le apetece encender la luz y ver el desastre que hay dentro.

Pero lo hice. Me planté ahí, delante de mí mismo, como quien se mira al espejo después de una resaca. Y no fue por valentía, ojo, fue por pura supervivencia. Porque ya no aguantaba más vivir como un extraño en mi propia piel. Porque huir de uno mismo es el exilio más cabrón que existe.

Me han preguntado qué herramientas usé. La primera, cruda, pero necesaria: trabajarte como si fueras tu propio proyecto. Hacerte preguntas que escuecen: ¿por qué reacciono así?, ¿qué me hizo convertirme en el que se escondía en los pasillos del instituto?, ¿por qué sigo sintiéndome como aquel chaval al que le temblaban las manos al hablar?

Entrar ahí duele, coño que duele. Pero también te encuentras cosas que no esperabas: heridas, sí, pero también llaves. No todo el mundo puede hacerlo solo, y no pasa nada. Para eso están los psicólogos, los terapeutas, los buenos coaches. Porque a veces abrir ciertas puertas sin ayuda te deja tieso, en modo piltrafa humana.

Yo, por cabezón o por suerte, me lancé. Empecé a tirar del hilo con preguntas incómodas. Descubrí que arrastraba inseguridades de cuando tenía 14 años, que mi autoestima estaba montada sobre lo que otros pensaban de mí. Y un día, frente al espejo del baño de mi piso en Madrid, solté: "Este soy yo. Y no es tan grave".

El coaching me ayudó, pero no el de libro, sino el de calle. El que practiqué en carne viva. Como aquel ejercicio de teatro donde te señalan un defecto (en mi caso, el lunar de la cara que siempre odié) y tienes que responder: "Sí, lo tengo. ¿Y qué?". Ahí algo se rompió dentro de mí: entendí que no soy mis miedos, ni las cicatrices que me dejaron.

Y hablando de ayuda real, de la que no cuesta una fortuna ni llega tarde, te comparto lo que yo habría agradecido saber antes. En Madrid, por ejemplo, existen los Centros de Apoyo a las Familias (CAF). Atienden gratis, con psicólogos formados y vocación real. Hay varios repartidos por la ciudad —Usera, Villaverde, Chamberí— y no sólo son para padres: también te escuchan si eres adulto y cargas con heridas que nadie vio.

Otro que me parece útil es el SAPJCM (Servicio de Asistencia Psicológica para Jóvenes), que ofrece atención gratuita a chavales de 15 a 30 años. No hay que tener diagnóstico ni crisis abiertas. Basta con sentir que no puedes solo. Puedes contactar por WhatsApp o correo en horario de tarde-noche, que es cuando más se nos cae el alma.

Y si alguna vez has vivido algo más jodido, como abuso o violencia, te recomiendo el Proyecto Esperanza. Aunque atienden sobre todo a mujeres, derivan a hombres a redes aliadas. Lo importante es que no estás solo, incluso cuando crees que nadie entiende lo que llevas dentro. Su teléfono 24h: 607 54 25 15.

A nivel nacional, hay una joya silenciosa: la Línea ANAR (900 20 20 10). Está pensada para niños, adolescentes y familias. Detrás hay psicólogos que no te sueltan un folleto: te escuchan de verdad. Casi la mitad de las llamadas que reciben son por bullying. Y sí, duele ver que no somos pocos... pero también consuela saber que hay una red.

Si el cuerpo te pesa como plomo y los pensamientos oscuros comienzan a aparecer, el teléfono de la Esperanza (717 003 717) puede ser el primer cable al que agarrarte. Voluntarios formados, disponibles todos los días, sin juicio. No hay preguntas trampa. Solo escucha, contención y humanidad.

Y si tienes hijos, o eres profe, o simplemente te gustaría que el patio del colegio no volviera a tragarse a nadie como me tragó a mí, échale un ojo al Programa de Bienestar Emocional de la Comunidad de Madrid. Ofrecen material gratuito sobre autoestima, resiliencia y prevención del acoso. No es teoría: es supervivencia envuelta en educación.

Lo más complicado de este proceso no es el dolor, sino el silencio que lo envuelve. Esa vocecita que te dice "tira para adelante", "no pasa nada", "ya estás bien", cuando por dentro estás hecho polvo. Porque tenemos la mala costumbre de ir por la vida con la máscara bien colocada, como si admitir que estamos rotos fuera signo de debilidad. Pero no lo es. Lo fuerte, lo verdaderamente valiente, es sentarte con tu tristeza y dejarla hablar sin pedirle que se calle.

Sanar no es bonito. Es necesario. Escribir esto no me hace un gurú. Me hace alguien que estuvo en el barro y encontró una cuerda. Si estás leyendo esto y sientes que no puedes solo: pide ayuda. No te quedes mirando la herida como si fuera un cuadro. Sanar es un acto de rebeldía. Y a veces empieza por algo tan simple como tirar del hilo, aunque al principio solo salga polvo.

Si este texto te ha removido algo o simplemente quieres hablar con alguien que ha estado ahí, escríbeme a: **tirandodelhilo.tdh@gmail.com**. No soy un experto, pero sí un tipo que aprendió a limpiar su trastero mental. A veces, solo hace falta que alguien te tienda la mano para que dejes de sentirte solo en el lío.

Epílogo

Hay silencios que duelen más que un grito. Silencios que se mastican despacio y se tragan con miedo. Silencios que parecen proteger, pero que en realidad encierran. Silencios que perpetúan los ciclos.

Durante años me encerré en el mío. No por cobardía, sino por amor —sí, aunque suene raro. Amor hacia mi madre, hacia mi padre, hacia mi hermano. No quería sumar más tristeza a la que ya existía en casa. Como si la pena se pudiera medir en cucharadas y yo hubiera decidido no añadirle otra más a su sopa diaria.

Y claro, también estaba el miedo. Miedo a que me hicieran más daño, a que si decía algo el castigo fuese mayor. Porque cuando estás metido en ese agujero, el fondo parece más seguro que intentar escalar sin cuerda. Pero el gran error fue pensar que el silencio era refugio cuando en realidad era cárcel.

Lo que no entendía entonces —lo que nadie me explicó nunca— es que hablar no es delatar. Es defenderte. Es ponerle un freno al dolor y abrir una rendija de esperanza. Romper el silencio es romper el ciclo. Porque el ciclo se alimenta del mutismo, de la resignación, de la idea equivocada de que "si no digo nada, esto pasará".

Pero no pasa. Y lo sé porque no se pasó.

Lo que sí pasa es que el que agrede se siente impune. Cree que su risa maliciosa no tiene precio, que sus empujones no pesan. Porque en los colegios, mientras hay charlas de educación vial o talleres de sexualidad, pocas veces se habla del bullying como lo que es: una violencia sistémica que mata en silencio. No lo digo en sentido figurado. Mata.

¿Y si desde pequeños nos enseñaran a hablar? A no callar lo que duele. A no normalizar el desprecio, ni aceptar la exclusión como parte del juego. ¿Y si cada año, en cada aula, se hablara del bullying como se habla del uso del cinturón de seguridad?

La realidad es esta: hay gente que hace bullying por placer. No porque estén rotos, no porque sufran —eso es otra historia—, sino porque se sienten poderosos. Les gusta. Y como nadie les frena, siguen. Pero cuando se dan cuenta de que hay consecuencias, de que al que acosa se le puede expulsar, denunciar, enfrentar... entonces empieza el miedo en el otro lado. Y ese miedo puede romper el ciclo.

Sé que cuesta. Yo no lo hice. Yo no rompí el silencio cuando debía. Pero hoy, desde este lugar, lo grito para quien quiera oírlo: romper el silencio salva. Romper el silencio puede hacer que otros lo piensen dos veces antes de reírse del raro, del gordo, del que tartamudea, del que camina diferente o del que simplemente no encaja.

Romper el silencio no cambia el pasado, pero te rescata del hoyo. Te devuelve la voz. Y con la voz, la dignidad.

Si estás leyendo esto y estás ahí abajo, en el fondo de tu propio agujero, solo puedo decirte una cosa: no estás solo. No te calles. Porque mereces algo mejor. Porque tu historia, cuando se cuenta, rompe cadenas. Y con cada cadena rota, alguien más se salva.

Sobre el autor

En un mundo donde las apariencias suelen pesar más que la esencia, todavía hay quienes se atreven a mirar hacia dentro, aunque lo que encuentren lastime. Adrián Izquierdo es una de esas personas. No le interesa definirse con etiquetas —ni de género, ni de rol, ni de esas que uno se pone para parecer más fuerte de lo que realmente es. Él prefiere hablar desde la piel, desde lo que ha vivido y desde lo que ha logrado transformar.

Durante años, fue el tipo de persona que evitaba el contacto humano con la misma urgencia con la que uno se aleja de las llamas: por precaución y por heridas antiguas. Vivía con el rencor instalado en lo cotidiano, como una molestia tan familiar que uno acaba por hacerle sitio. Pero dentro de ese mismo pecho dormía —quizás con los ojos entreabiertos— una empatía feroz y vigorosa, escondida bajo capas de desconfianza y sufrimiento.

Adrián no es un hombre común. O, mejor dicho, no encaja en los moldes donde la sociedad insiste en meter a las personas. Rechaza los patrones sociales con la misma firmeza con la que defiende a quien es señalado por ser diferente. Si para algunos eso lo convierte en "raro", él lo asume como un halago. Porque en un mundo donde muchos se pierden intentando ser aceptados, él eligió encontrarse a sí mismo.

Hoy se define como cercano, extrovertido y, sobre todo, sarcástico. Pero no es un sarcasmo vacío ni hiriente, sino un lenguaje cómplice que usa como salvavidas emocional: cuando lanza una broma, lo hace con la esperanza de que alguien, aunque sea por un segundo, olvide su dolor. Porque sabe —porque lo ha vivido— que, a veces, un segundo sin sufrimiento es un regalo incalculable.

Podría haberse convertido en médico, terapeuta o trabajador social. Tenía notas para ello. Pero también tenía un corazón demasiado abierto, demasiado absorbente, de esos que sienten tanto que acaban desbordándose. Por eso eligió ayudar desde otro lugar: desde la palabra, la presencia, la escucha activa. Y, si hace falta, desde el zarpazo emocional que despierta a quien se niega a sentir.

Animalista hasta la médula, emocional hasta el tuétano, Adrián ha aprendido a vivir en equilibrio entre su hiperempatía y su necesidad de protegerse. Detesta que lo vean mal, no por orgullo, sino por no cargar a otros con su sombra. Sin embargo, esa contención, esa capacidad de seguir adelante, incluso con el alma hecha trizas, es lo que lo convierte en alguien resiliente. Alguien que, incluso cuando pudo rendirse, eligió quedarse y entenderse.

Cristina, una amiga que le ha visto caer y levantarse en múltiples ocasiones, lo describe como alguien que ofrece consejos sabios, que siempre busca mantenerse bien. Es una persona extraordinariamente positiva que invariablemente termina saliendo a flote, aunque lucha constantemente por ocultar su vulnerabilidad.

Alex, otro testigo de su transformación personal, habla de una cualidad especial que posee, de una energía que emana autenticidad, marcando un claro antes y después en su vida. Destaca su profunda empatía y esa capacidad única para comprender a los demás. Siempre percibe cuando algo no anda bien, detectando lo que otros callan.

Y luego está Gema, que lo considera casi un hermano:

"Adri siempre está, incluso cuando no está físicamente. Es de esas personas que, aunque pasen años o nos separen kilómetros, sigue siendo un lugar seguro. Tiene esa forma única de encontrar el lado positivo, incluso en lo que parece no tenerlo, y consigue que te rías en medio de cualquier tormenta, aunque su humor pueda ser algo duro. Le quiero muchísimo; es imposible no hacerlo. Ojalá la vida nunca nos quite esto que tenemos: estar el uno para el otro, sin condiciones."

Hoy, ese "chico raro" que alguna vez renegó del contacto humano se ha convertido en alguien a quien se le confiesan secretos sin pensarlo. Un alma que no soporta las injusticias, que detesta la superioridad moral y que cree con firmeza que todas las personas valen lo mismo, aunque el mundo insista en lo contrario.

Adrián no viene a dar lecciones. Viene a abrirse en canal. A mostrar que ser emocional no es debilidad, que ayudar no es sinónimo de salvación, y que ser diferente —muy diferente— puede ser, precisamente, tu mayor fuerza.

Agradecimientos

Agradezco profundamente a mi madre, por enseñarme con su ejemplo lo que significa la resiliencia: mantenerse firme incluso cuando la vida aprieta sin tregua. A mi padre, por mostrarme lo que es estar presente a pesar de las dificultades, por no rendirse y acompañar con su forma única de cuidar. A mi hermano, por ser compañía incondicional en los días buenos y en los días difíciles, por estar siempre, sin pedir nada a cambio.

Y a mi yo niño… le agradezco haber pensado en los demás antes que en sí mismo, sin dejar por eso de disfrutar la vida. Porque incluso en la incertidumbre, supo encontrar instantes de alegría y hacerlos suyos.

Gracias a cada uno de ellos por formar parte de la raíz que me sostiene.